生きている！殺すな

やまゆり園事件の起きる時代に
生きる障害者たち

「生きている！殺すな」編集委員会◉編

JN213008

山吹書店

刊行にあたって

２０１６年７月に起きた津久井やまゆり園事件（神奈川県相模原市にある施設で起きた障害者殺傷事件）は、社会に大きな衝撃をあたえ、年が明けても人々に揺らぎとざわめきをもたらし続けていた。人々の障害者を「知りたい」気持ちは強く、障害者のことを「知らない」ので考えられない／語れない、「知らない」ので障害者に声をかけることもできない、という声も聞かれた。

一方で、障害のある人たちは事件に怒るとともに、殺されていたのは自分だったかもしれない、自分もいつ殺されるかもしれないと、暴力の予感におびえた。だから、障害者の「知ってほしい」気持ちもとても強い。「知る」ことからしか偏見や差別をなくすことはできないし、障害者を「分けない」社会こそが、再びやまゆり園事件を生まない社会の土壌となるからだ。

社会のなかで、困難と向き合い、よく生きようと努力しながらいきいきと日々生活している、一人ひとり違う障害者の現実を「知らせる」本をつくりたいと本書の編集委員会は考えた。そして、障害者や難病の方、親、支援者の21人が、障害について、介護について、人生について、生活について、仕事について、また、津久井やまゆり園事件について執筆した。

付録の音楽CDのうち、「19の軌跡」は、やまゆり園事件をきっかけにつくられ、追悼集会などで歌われてきた。「死んでない　殺すな」は、数年前に尊厳死法案を怖れる障害者と支援者によってつくられ、障害者の集会などで歌われてきた。

この本と音楽が、障害者に初めて関心を持たれた方にも、永らく関心を持ってこられた方にも、なんらかの気づきとなれば幸いである。

２０１７年８月

「生きている！殺すな」編集委員会

１９の軌跡《きせき》

作詞・作曲　歩笑夢《ほえむ》

僕《ぼく》らはちゃんと生《い》きてきたよ
ちゃんと夢《ゆめ》だって見《み》ていたよ
風《かぜ》や空《そら》や海《うみ》だって感《かん》じることができたのに
　僕《ぼく》らをどうして不幸《ふしあわ》せと、勝手《かって》に決《き》めるのか？
　僕《ぼく》らの軌跡《あしあと》消《け》さないでよ　19 のかがやき
　19 の強《つよ》さ　みつめてよ

僕《ぼく》らのそばにはやまゆりが
いつもそよそよ揺《ゆ》れていたよ
気高《けだか》さあらわす花《はな》のように僕《ぼく》らの誇《ほこ》りもそこにある
　僕《ぼく》らの人生《いのち》はかけがえないと、みんな気付《きづ》いてよ
　僕《ぼく》らの軌跡《あしあと》消《け》さないでよ　19 の気高《けだか》さ
　19 の強《つよ》さ　讃《たた》えてよ

僕《ぼく》らはきっと礎《いしずえ》になる
こんな過《あやま》ち　繰《く》り返《かえ》さないで
怒《いか》りも くやしさ 悲《かな》しみも　ぼくらが残《のこ》した軌跡《あしあと》だから
　僕《ぼく》らがなんにもできないなんて　なんで決《き》めるのさ？
　僕《ぼく》らの軌跡《あしあと》消《け》さないでよ　19 の心《こころ》
　19 の強《つよ》さ　感《かん》じてよ
　いつまでも決《けっ》して消《き》えることない　僕《ぼく》らの軌跡《あしあと》
　19 の軌跡《きせき》　忘《わす》れちゃいけない

死《し》んでない 殺《ころ》すな

作詞・作曲　菅原《すがわら》ニョキ

絶望《ぜつぼう》を背負《せお》ってる健常者《けんじょうしゃ》　恋《こい》のゲームを操《あやつ》る障害者《しょうがいしゃ》
将来《しょうらい》を夢見《ゆめみ》ているロックトイン　人生《じんせい》なんていろいろ
小指《こゆび》だったり眼球《がんきゅう》だったり　動《うご》いたり動《うご》かなくもなるけど
呼吸《こきゅう》もあって　鼓動《こどう》もあって　ボクは確《たし》かにここにいる
死《し》んでない　殺《ころ》すな　死《し》んでない　殺《ころ》すな
だから LOVE《ラブ》 だって　もっとエロだって
そう生《い》きてりゃできるでしょ

脚《あし》が一本《いっぽん》だってそりゃいいじゃない　性器《せいき》が二《ふた》つあったっていいじゃない
同性三人愛《どうせいさんにんあい》したっていいじゃない　運命《うんめい》なんて超《こ》えるもの
死《し》んでない　殺《ころ》すな　死《し》んでない　殺《ころ》すな
舌《ベロ》だけだって　しゃぶりついたって
欲《ほ》しいものだってあるから
死《し》んでない　殺《ころ》すな　死《し》んでない　殺《ころ》すな
死《し》んでない　殺《ころ》すな　死《し》んでない　殺《ころ》すな

生きている！殺すな　目次

難病・重度障害と生きる　81

運動のなかに光をみいだす　105

差別とたたかう　141

地域生活を支える　165

写真提供：関根善一　永井健太　盛田容子

施設から地域へ

地域で暮らすのは楽しいよ

小田島榮一●おだじま　えいいち

ぼくは、１９４４年（昭和19年）に生まれました。
小学６年まで家の近くの小学校に通いました。
算数の時間は、教室から逃げて遊んだりした。
ぼくは、なんで施設に行ったか、
家にいると何もしないで、遊びに行くと親に怒られました。
６年生のとき、施設（Ｙ学園）に入ってからは、
学園ではみんなのことがよくわからなかったので、みんなと仲良くなれなかった。
夜はみんなでテレビを見たり。
買い物に行ったりはできなかった。
おもてには行けなかった。

18歳になって、農家に行きました。

朝4時ころ起こされました。
仕事のしたくをしてから畑に行って、草取り。
トマト、きゅうりとか収穫《しゅうかく》して、市場に行って、野菜を降ろして帰りました。
市場で売り上げを取りに行きました。
それが終わると、夕方になって、タネ屋にタネを買いに行きました。
仕事がないときは、薪《まき》割りをやりました。
よくお金を落として、怒られました。
よく聞いていないと、怒られました。
トマトを5個たのまれたのを、4個買ってきたり、
草の薬（除草剤《じょそうざい》）を5個たのまれたのを、6個買ってきて、怒られました。

30歳のころ、実家に帰った。
でも忘れちゃってよく思い出せないや。

ぼくはN福祉園に5年入りました。
いろんなことがありました。
何か欲しいとき、職員がいないからと言って、「明日買いに行きなよ」とか。
Nでは、山でいなくなった人がいるので、
「どこにいたか教えてね」と言って、職員は探しに行ったりしていました。

職員は、その人が帰ってくると、寝なくてもいいからと言って、
何をしたか聞き取りやって、朝まで座《すわ》ってなさいと言った。
物を買うとき、高い物を買うと、職員は係長に言って、
怒られたり、蹴《け》っとばされたりしました。
自分が悪いと言われて、ご飯はなしでした。
施設には、やめてもらいたいなと思いました。

やまゆり園も、悪い元職員が19人の人を殺してしまったのも、どこの施設も似ています。

これではどうにもなりません。

根っこから変えていくことです。

なんで殺してまでも平気なんだろうかと思います。

仲間がゆうゆうに生きられれば幸せなのに。

本当にかわいそうなことがありました。
津久井《つくい》やまゆり園のこと
山口の大藤園《おおふじえん》のこと
千葉の療育園《りょういくえん》のこと
ピープルファーストジャパン（＊1）の取り組み。

津久井やまゆり園のこと

津久井やまゆり園事件があったけど、昔から入所施設はありました。
入所施設をつくったのは誰ですか？
行政《ぎょうせい》じゃないのか！
ぼくなんかは、どっかいいところに行くと言われて、親に入所施設に連れてかれて、
3日後か4日後に、ようやく施設に入れられたことに気がついたよ。
親の会はきれいごとを言って、何をしたいのか？
自分たちの子どもを入所させておいて、
（自分たちが）「守ってあげるから堂々と生きてください」と、
平気で言えることにびっくりしています。
だれも入りたくて入ったんじゃない。
親や福祉事務所に言われて、行きたくないものを行かされて、
いやだと言っても入れられたんだ。
「自立《じりつ》できないから」と、社会の一員になる権利を奪い、地域から追い出して、
山奥の施設に入所させているままで、どうやって守っていくことができるのか。
とっても不思議です。

テレビで流れていることも不思議です。
精神障害のせいで起きた事件ではありません。

昔から、知的障害者とか精神薄弱者《せいしんはくじゃくしゃ》（＊2）とかは差別され、
社会から仲間はずれにされてきたからです。
山奥にかくして入れとくような入所施設があるから、こんな事件が起こるんだ。
これは根っこから変えないとダメだ！
グループホームを一つつくるのに「何かおかしなのが集まる」と、
地域の反対運動が起こるのを見てきた。
施設の職員は、僕たちの生活支援をするためにいるのに、
施設の中では、僕たちは勝手に決められたルールを押しつけられ、
バカにされたり殴《なぐ》られたりしている。
今も「差別」「虐待《ぎゃくたい》」はなくならない。

差別解消法・虐待防止法なんて、何の役にもたたないと思っています。
今も福祉があるのに、年金とか生活保護のお金がもらえてない人もいる。
もらっても少ない人もいる。
みんな多くはもらっていない。
親が死ぬとき、しょうがいのある子はどうして生きていけるのかが、
昔も、今も、わからないままなんだと思っています。
福祉事務所はいつまでも変わらないし、施設の職員は何もかも足んないし。
犯人は頭きて、この事件は、たまらないと思って殺したんだと思っている。

根っこから変えないとダメだ！

山口の大藤園（下関市の知的障害者施設）のこと

あの学園は、ほんとにダメな施設になっています。
ピープルファーストジャパンで「壊《こわ》す」（この施設を解体《かいたい》する）と言ってきました。
「殴ってない」と言ったり、「暴力はやってない」とか。
みんな頭にきて、早くみんなで壊したほうがいいなと思いました。
理事長さんが、もっと（仲間のことを）わかる人ならいいと思います。
理事長さんが昔の（考えの）人なので、もっとわかる人がいたらいいなと思います。

しょうがいがあると困ること。
市役所に行って、親が困って、施設に連れていくのが多い（自分がそうだった）。
作業所のなかでも、ぼくたちの立場や考えをわかってくれる人が少なくて、
（本人が）困っています。
そこの支援者は、しょうがいしゃのことを応援しているのか？
物を投げつけている職員がいるのは、考えられないことだと思います。
昔からある話です。
いつも職員は、できない人を怒って殴っている。
職員の暴力が、障害が重い1度2度の人をねらってて、わからない。

なぜ職員が大声出して、1度2度の人に仕事をやらせるのか。
たたかれた人（仲間）の親が市役所に相談しに行くことは、昔から少ない。
なかなか福祉事務所は変わっていないよ。
施設を出てから、オンブズマンに選ばれて、N福祉園に行って（通ったけれど）、
誰も（仲間は相談に）来なかった。
職員の目があるからだと思いました。
どこの施設も同じです。

千葉の療育園のこと

本当に仲間も職員に暴力やられて、最後は殺された。
自分も施設に入って、そんなことが少しありました。
殺してまでもはやらなかったけど。
ピープルファーストの仲間はみんな、犯人は許せないよ。
しょうがいしゃ、バカにしているよ。
ぼくなんか、職員から殴られてる生徒を逃したら、すげー怒られたもんね。
正座《せいざ》させられてね。
Y学園だったら、3日間寝かしてくんねーよ。
悪いことしたら、学校行かせてもらえなかった。
バットで正座。

園長がゲンコツだよ。
あとから来るA勤B勤の人にゲンコツ説教《せっきょう》、次から次に来る職員に怒られるんだ。
施設ん中はさ、面白かったな。
逃げる時が面白かったな。
上野《うえの》界隈《かいわい》まで逃げて。
貨物列車の石炭の下で。

農家の主人はいい飯《めし》いい風呂。
俺《おれ》らは垢《あか》まみれ。そんで掃除させられんの。
作業所も一緒だよね。

ピープルファーストジャパンの取り組み

ぼくは、施設の職員が暴力ふるったり殺したりするのはなぜか、わからないです。
職員は、仲間を大事にしたらいいなと思います。
ピープルファーストは、地域で暮らして、
みんなと仲良く楽しくやるのが地域じゃないかと思います。
そうしないと、地域にいたのに、親が困るから施設に入れちゃう。
施設に入ったら、だれも施設から出してくんない。
中にいる人がかわいそうです。

そういう人も、地域で生きるんじゃないかと、ぼくは思います。

やっぱり人間だもん。


厚労省《こうろうしょう》はできる人は働けと言っている。

自分より若い人でも、働いても給料が安いので困っている人もいる。

ぼくが働いても、もらうお金が少なくて、何も買えなくなくて、本当に悩みです。

年金が毎年少なくなって、暮らしていかれなくなります。

生活保護も少なくなっていくので困ります。

ぼくはお金（年金や生活保護、介護などの制度）が上がったら、困っている仲間を助けたい。

施設に入ってる人を、これから施設から出しても、
お金が少なくなったら生活できないです。

生活保護も同じで、少なくなったら、これから施設から仲間を出せなくて困ります。

必要なぶんだけお金をもらいたいと思います。

＊1　ピープルファーストは「わたしたちは、障害者である前に人間だ」という考えを最も大切にし、困難をかかえていても地域であたり前に暮らせる社会をつくるために活動している知的障害者の団体。入所施設をなくす、自立生活をするための地域のサービスをふやす、差別、虐待をなくす、などの目標をかかげている。
＊2　精神薄弱者とは知的障害者の古い呼び方。１９９０年代まで用いられた。

やまゆり園事件を知らない人々へ

見形信子●みかた　のぶこ

私は24時間、常時介助が必要な重度障害者です。脊髄《せきずい》性《せい》筋《きん》萎《い》縮《しゅく》症《しょう》という進行性の神経難病を持って生まれました。家族は妹が一人と両親がいます。施設から出て、現在は単身で暮らし、20年がたちます。

「分けられた」記憶

私は１９６９年に埼玉《さいたま》で生まれました。初めて障害がある自分に気づいたのは、小学校1年にあがるとき、今まで遊んでいた近所の仲間たちが家に来なくなり、毎朝、登校班で小学校に通うようになったときでした。私は一般小学校に通うことができなくて、訪問教育を受けることになったので、一緒に学校に通うことはできません。毎朝、見送り班。

「どうして私はみんなと学校に行けないのかな」と窓越しに外を見て、「自分はほかの子どもと違うからそっちの世界には行ってはいけないんだ」と、小さいながらに思ったことが「分けられた」最初の記憶です。

私の両親は、昔は障害のある私を受け入れてはいなかったと思います（今は認めてくれています）。もう40年以上前のことなのですが、お客さんがうちに来ると、2階に上げられることが常でした。「存在を隠す」ことが世間的《せけん》に必要だったのでしょうね。どうしてなのか、はじめは意味がわからなかったけれど、「この場に自分がいることが良くないのだな」と、徐々に感じるようになりました。そのころから、自分の存在が要らないように感じられ、自分でも自分が嫌いになっていきました。施設から地域に出るまでその想いはどこかにありました。

自立生活を始めてからは自分を肯定できるようになり、自分に自信を取り戻していましたが、いま、ときどき顔を出すのです。しばらく忘れていたのに、昨年の夏に起きたやまゆり園事件で、古傷《ふるきず》が痛み出しました。

施設は安全？

やまゆり園障害者殺傷事件で亡くられた方、ご遺族の皆様に、心から哀悼《あいとう》の意を表するとともに、ケガをされ心に深い傷を負われた方々に、心からお見舞い申し上げます。

1日も早く、現在も入所生活を送っている方々に平穏な日々が戻ることを祈り、と同時に、障害のある人がありのままで地域で暮らす日々が実現できるよう、強く願います。そして行動します。

残念ながら、収容施設には権利が十分に守られる環境はありません。やまゆり園だけではなく、安心安全という大義名分のもと各地に大型収容施設は現存しています。事件の犯人が言った「障害者は生きていても不幸だから殺してしまえ」「生きる価値なし」という言葉、心に突き刺さりました。そして、彼の言葉を容認する世の中に憤りを感じました。

重度障害者であっても、人として絶対に必要な存在には変わりない。障害のある命と障害のない命どちらが大事か？　命の重みに差があるのでしょうか？　そんなことナンセンスです。

個室に住んで、外へ自由に出られるようになったとしても、入所者は入所者であり、管理下に置かれていることに変わりはありません。主体は施設運営者であり、障害のある人に主体はありません。

基本的人権のない暮らしの中で、現在、多くの虐待《ぎゃくたい》は施設で行われています。入所者には、地域で生きるという選択権がありません。与えられないと言ってもいいです。施設は安心だという神話を信じ込まされ、施設の中に閉じ込められてきました。

安全ってなんでしょう？　施設は本当に安全ですか？

この殺傷事件は、施設だから大量殺人が起きたと思っています。

この事件は、さまざまな形で、マスコミや障害者団体、世の中に多くの波紋を投げかけていると思います。施設再建の強い動きがあるようですが、どうしてもその必要性がわかりません。

いじめ・虐待・人権侵害

私は中学生のときから大人になっても、長い間、入所施設での生活を余儀《よぎ》なくされました。子どものとき、親が「教育を受けるため」「病気の治療のため」に入所を決め、養護《ようご》学校の高等部の卒業後もずっと長い施設生活になりました。その期間は16年になりました。

逃げ場がなかったので、嫌《いや》なことがあると家に帰りたくなりました。脱走《だっそう》する仲間もいたし、自殺をする仲間もいました。たくさんのいじめや虐待がありました。

夜中に体が痛くて、寝返りをうつためにコールを押したけれど、「待ってて」と言われたまま1、2時間放置されるのは当たり前…。

一人の職員が、鳥に餌《えさ》をあげるように自分の周りに入所者を並べて食事介助をするのだけれど、食堂にも部屋にも職員が一人か二人しかいないので、一口食べて二口目が回ってくるときには、冷え切った食事になってしまったこと。

学校に行ってる間に部屋の抜き打ち検査があって、日記を勝手に職員に読まれて悲しかったこと（チョコレートを隠し持っていたことがバレて、それも没収《ぼっしゅう》されたりしました）。

トイレが男女共用で、カーテン一枚隣にはいつも男性の入所者の方がいて、恥ずかしい思いをしたこと。

男女共用の浴室で、カーテン越しに入浴することがあって、ニアミスをするとお互いに見えてしまったり、プライバシーはまったくなかったこと。

男性職員から身体介助を受けなければならなかったり、女性職員に「ちょっとくらい見せたって減るもんじゃない。世話になってるのに、わがまま言ってるんじゃないよ」と言われたこと。

男性職員が介助に入るのを嫌がってる私を知って、わざと彼らを呼んできて介助させたり、女性職員からの「生理は面倒《めんどう》だから子宮《しきゅう》をとる手術したら」という言葉も忘れません。

声も上げられずに…

いろいろやって欲しいことを施設側に言うと、厄介者《やっかいもの》扱いされ、職員に介護拒否されたり無視されたりするので、みんな口を閉ざし、自分を殺して生きるすべを覚えるしか、施設で生きる道はなかったと思います。

本当に、信じられないことが山ほど、当たり前に、施設では起こっていました。施設を出てからわかったことですけれど、それは明らかな人権侵害《じんけんしんがい》でした。

施設は感情も殺す場所。人（仲間）が死んでも悲しむ余地はないです。トイレと食事と入浴、学校に通うことは感情を無視して行わなければならない。人間の当たり前とはかけ離れた状況に、自分は置かれていたと思います。

言葉というコミュニケーション手段を持っている私であっても、逃げることはできませんでした。

入所している仲間には、重複障害の子どもたちがいて、彼らはひどい虐待を受けていました。私たちは何も悪いこともしていないのに、日々このような扱いを受け、それを親に声も上げられず亡くなっていく人がほとんどでした。

今でもぶつけようのない怒りがいっぱいです。

地域で暮らす道を開く

施設という形態は、どんなに気をつけて注意しても虐待が起きる場です。私はもう二度とそのような場所に戻りたくないです。収容施設は、人が生涯を暮らす場ではありません。人が人としてその人らしく暮らせるところは地域です。

現在、私は地域で介助者を入れて暮らし、20年が経過します。

両親は最初、大反対でした。でも、その後、私の楽しそうな姿を見て、「こうして介助者の人のサポートがあれば一緒にいろんなことができるようになるんだね。おまえは幸せ者だよ」と話してくれた母がいました。とても嬉しい気持ちでした。「やっとわかってもらえた」と思いました。

子どもの気持ちと親の気持ちは違います。障害のある子どもも、それは同じです。親は子どもの代弁者にはなれません。家族の思いだけで施設再建の道に進まないでください。ぜひ子どものために立ち止まってください。施設ではなく、地域で暮らす道を開いてください。地域にこだわり、たくさんの人とつながり生きていくことを実現するために、私はともに歩みます。

やまゆり園障害者殺傷事件が、犯人である彼だけの問題だったり、障害者同士の問題だったり、特別な一風変わった事件という認識で忘れ去られていくのが怖いです。違うのです。

社会が臭いものに蓋《ふた》をしてきた、みんなの問題なのです。それに気づかなければ、事件は何も解決しません。気づいた障害当事者が社会に警鐘《けいしょう》を鳴らし続ける責任がある（今は鐘の音が小さいけれど）、私はそう思います。

人生50年と思いきや…

篠原由美●しのはら ゆみ

いちばん起こってほしくないことが…

私は１９６３年生まれで、20歳過ぎまで広島で暮らした。その後、東京に引っ越し、現在、籍《せき》を入れない関係の男性と猫との暮らしを、文句を言いながら、それでも楽しいこともあるのかないのかわからないが続けている。

高校を卒業してしょうがいしゃの職業訓練校にいたとき、今の私くらいの年齢のおじさんに「脳性《のうせい》マヒは50歳くらいが寿命だからな」と言われたことが、ずっと頭に残っている。そのころ、脳性マヒの二次障害が16〜17歳で現れ、生きていることをとてもつらく感じていた時期で、自分の身体との付き合い方がわからなくなっていた。二次障害というものを知らなかったので、自分は脳性マヒではなく進行する病気なのではないかと一人で考えをめぐらし、暗くなっていた。おじさんの言葉は、私にはショックというよりも救いになった。とりあえず50歳まで頑張ればいいんだと思わせてくれた。

あれから30年以上たち、なんだか目標超えちゃったなぁと思っていたら、津久井《つくい》やまゆり園の事件が起きた。そのときの思いは、今でも整理して人に伝えることはできないと思う。多分いちばん起きてほしくなかった出来事、私が生きている間にはあってほしくないと願っていたことが起きたのだ。「わぁとうとう起きた！ 寝ていて目を開けたら自分を殺そうとしている人が目の前にいて、自分は抵抗するすべがないとしたらどんなに怖いか、何をやってくれとるんよ」。何日もの間、頭の中で、まとまりのない怒りとも絶望ともわからないものが噴《ふ》き出しそうになるのを感じて過ごした。

3度殺された

事件から少したったころ、事件のことを聞いてきた友人に、「どうしてしょうがいがあるからといって殺されなければならないの？ 不幸かどうかは他人が決めるものではない。殺された人たちだって、賢く生き延びていたのに。あの人たちは3度殺されたんだよ、わかる？」と、たたみかけるように話していた。

「賢く生き延びてきた」と言ったのは、殺された多くの人は、生まれつきのしょうがいをもっていたと思われ、生まれつきのしょうがいのほとんどが、しょうがいがあるとわかったとき、親に殺されかけた経験をもっているからだ。生きていてもつらいだろうとか、他人に迷惑をかけて生きていくことになるだろうとか悲観して、「それならいっそ子どもを殺して自分も死のう」と考える親は多い。実際には、ほとんどが思いとどまるが、その理由は、子どもが泣き出したとか、ぐずったとか、子どもが本能的に親の気持ちの変化を感じ取り働きかけるような感じがする。

施設に望んで入る人はいない。施設に入ることで家族ともども生きていくしか道がなかったのかもしれない。施設に入所したら最後、二度と家の敷居《しきい》をまたぐことのない人もいる。つらい選択であっても、生き延びるために選択してきた人たちだ。

3度殺された。1度目は施設に入れられたとき。地域や家庭にいてはならないとして、施設に入れることで地域社会から抹殺《まっさつ》された。兄弟姉妹の結婚相手などがしょうがいしゃの親族の存在を知らされないことは少なくない。親や親戚《しんせき》が縁談に影響することをおそれ、しょうがいしゃの身内がいることを隠すために施設に入れられることもある。

2度目は今回、犯人に殺害されたとき。そして、3度目。被害者は名前も何も公表されず、社会的に殺された。だから、3度殺されたと私は考えている。

小学校での差別体験

小中学校は養護《ようご》学校（現在は特別支援学校）に行ったが、自宅の近くではなかったので、寄宿舎で9年間過ごした。就学年齢になったが、まだ歩くこともできず、身辺自立できていなかった私は、当初、養護学校ですら受け入れてくれるかどうかわからなかった。でも、とにかく学校に行きたい、友達が欲しいという思いが先生たちにも伝わったのか、やる気はある子だから入学させてみようということで受け入れられた。

入学してすぐに、「ごめんなさい」「すみませんでした」「ありがとうございました」という三つの言葉を、同室の中学3年生のお姉さんから教わった。「困ったらこの三つを言いなさい」と。

食事時間になると鐘が鳴り、鐘が鳴って5分たつと、「いただきます」の号令《ごうれい》を高校生のお兄さんがかける。その号令までに席に着くことになっていて、間に合わなかった人は高校生のお兄さんのところに行き、理由を述べ、お兄さんが許さないと食べられないことになっていた。入学して1日目、私としてはかなり急いだのだが号令に間に合わず、高校生のお兄さんのところへ行かされた。どうして遅れたのか言いなさいと言われたが、私は初めての寄宿舎での食事で、必死に食堂に向かったのに間に合わなかったのであり、「どうして…?」と問われても、よくわからず言葉が出てこなかった。

私は言われたとおりにちゃんと手も洗って食堂に入ったし、遊んだり寄り道したりしたわけでもなく、何回かしりもちをついて起き上るのに時間はかかったけれど一生懸命来たのに、なぜ、ご飯を食べられないの? しりもちがいけなかったの? 遅れた理由って? と、何が何だかわからなくなっていた。

そこに同室の中3のお姉さんがやって来て、さっき教えたことを言うように促した。「すみませんでした。ごめんなさい」と言えということだ。でも、一生懸命来た私にあんまりだと思ったのか、そのあとで、「一生懸命歩いて来たけど遅れました。ごめんなさい」と言うように付け加えてくれた。どうしてすみませんなのか、ごめんなさいなのか、わからないけれど、言われた通りにすると、怖い顔で立っていたお兄さんは、「いいよ、食べて！」と言った。お姉さんは「ありがとうございました」と言えと、また言う。ほかの人と同じことができなければ謝らなければならない、それは許してもらわなければならないものだと教えられた。

それからの私の生活は、ほかの人たちが起床する時間の1時間から1時間半前に起き、何をするにも人より早く行動に移すことにした。午後5時に夕食だと、午後4時半に当番の人たちが配膳《はいぜん》を始めるが、時間を読んだり、自分がどれくらいかかるかわからなかったりで、配膳の合図の鐘が鳴るころには食堂の近くにいて、配膳が終わるころには自分の席に着いているようにした。ご飯を食べる時間は30分しかなく、いつも間に合わないので、そのうち一口に多く量を入れ噛《か》まないで飲み込むと早く食べられることを覚えた。

一生懸命やっても、謝ったり、許してもらわないといけなかったり、子どもの私には理不尽《りふじん》なことが多かった。でも小学4年生のころには、なんとか日課についていけるようになり、テレビを見たり、放課後、学校に残って遊んだりする余裕も出てきた。

小学6年生になったとき、小学1年生の子と同室になった。朝の忙しさで私たち先輩に当たられ、泣きやまない小1の子に、「早くしなさい！」「泣きやんでから食事に行きます‼」と言ってしまい、ハッとした。泣きながらでも言われたように早くしようとしている子に…。「この光景と言葉には覚えがある」と思った次の瞬間、「私も言われた！　同じことをしてる！」。やってしまったと気がつき、背中を廊下の壁で支えた。

泣いている子は、私の胸の辺りに顔を押し当てて、いっそう大きな声で泣き出した。心の中で後悔しながら「ごめん。悪かった。泣きたいだけ泣いていいよ」と語りかけた。

この体験は私に、自分の受けた差別や虐待《ぎゃくたい》は、自分自身がしっかりとそれと認識しないと繰り返してしまうことを教えている。

「あなたのために」というおせっかい

養護学校の小学部のとき、母が私の将来のことを考えるために施設見学に参加し、「あなたのことだから」と一緒に連れていかれた。見学しながら親たちは口々に、「こんなところもあるのね」とか「こんなこともしているのね」とか言っている。とても良いものを見せてもらったと言っているように私には聞こえた。同じ建物の中で寝起きし、作業場もその中にある施設だった。養護学校と同じだと感じた。

中学部に上がり、このまま養護学校にいて高等部を卒業したら、小学部のときに見学したような施設に行くことになるのは確実だと思い、どうしたら同じ敷地や建物の中で生活が完結する世界から抜け出せるかを考えていた。地域の自宅に近い高校に行くことに決め、自分で電話をして願書を取りよせ、受験した。自宅に近い高校を三つ受け、女子校に3年間通った。

高校の3年間は、周りの差別や偏見と闘ったと同時に、自分の中にも自分を縛る差別や偏見があることを思い知らされた。学校の行事などに参加すると、「しょうがいがあっても頑張ってすごい」だの「えらい」だの言われ、とても嫌《いや》だった。その一方で、しょうがいしゃの私を受け入れてくれたのだから、私が何か失敗や問題を起こしたら、次に受験するしょうがいのある人が受け入れてもらえないかもしれない、そんなことはしてはならないと思っていた。

私をいちばん悩ませたのは、親や先生たちの「あなたのことを考えて……」という言葉だった。入学して初めての席替えのときのこと、大勢のクラスは初めてなので、ドキドキしながらもワクワクしていたが、担任の「篠原《しのはら》はここ、先生の机の前な！」の一言に私は不機嫌《ふきげん》になり、下を向いて一言も話せなくなった。廊下に呼び出されても何も言わない私に、担任は「イヤか？　心配しているんだけど…」と言い、あとで母に「強情《ごうじょう》なお子さんですね！」と言ったそうだ。私は母に「なんで、人の厚意《こうい》を受け入れられないの！　人の気持ちのわかる優しい人間になってほしい！」と叱られた。

本当は、私は大人がいつも心配する気持ちがわかっていたから、何も言えずに下を向くしかなかったのだ。ほかのクラスメイトと同じように扱ってもらいたいと言えればよかったのだが、重度のしょうがいしゃを初めて担任する先生には通じないと感じた。

差別と偏見の裏には無理解があり、そのまた裏には、思いやりにコーティングされたおせっかいがいっぱい隠されていることを、ことあるごとに知らされた。高校の3年間は、ときどきやり切れなくなって親に当たったりして気持ちを爆発させたが、差別や偏見、優《ゆう》生思想《せいしそう》など、見て見ぬふりをして過ごした。

多様性を認めあう社会へ

社会には、当たり前のように優生思想は入り込んでいて、しょうがいしゃであっても巻き込まれて生きている。私もその一人だからこそ縛られてもがいていたのだと思う。しょうがいをもっていると、「受け容《い》れられなければそこにいられない」と、小さいころから思い込んでいたと思う。受け容れられるために、自分がどんなふうにあらねばならないかを、いつも考えていたように思う。やまゆり園の人たちも、いつも、いつも、こんなことを考えながら一生懸命生きてきたのだろう。

津久井やまゆり園の事件のあと、夜遅く電車で帰宅途中、電車から降りていく女性が私に「しょうがいしゃだからと思って自分の思い通りになると思うな!!」と言い捨てていった。事件以降、一人で出歩くのは怖ろしいと感じていた矢先の出来事だった。

ここ何年か、社会全体に寛容さがなくなっていると感じることがある。この社会にはさまざまなしょうがい、病気をもつ人がいて、さまざまな生活をしている。性別や、志向《しこう》も、自分と違う人もたくさんいることも、メディアなどが報じるようになり、多くの人がわかってきているはずなのに、反対に、そういうさまざまな違いを受け入れられない人が多くなっているように思う。

まだまだこの社会は、しょうがいをもっているより、もっていないほうが生きやすいというのが実際のところだ。しかし、私の双子《ふたご》の姉は、しょうがいをもっている私が羨《うらや》ましいらしい。しょうがいをもって生まれた私は、しょうがいがあるということで期待もされず、けっこう自由に生きてきたように思う。就職しなくても、結婚しなくても、焦らされることはなかったし、成績が悪くても「しょうがないねぇ」の一言ですまされた。一人で暮らすという決断以外、大きな決断についてもあまり文句を言われた覚えはない。

あることで、わたしと意見のちがう父を説得していたとき、「しょうがいしゃのことはよくわからんけん。もう好きにせえ」と言われたことがある。私の親たちは、最後には、自分たちにはわからないことがあると思って気持ちをおさめてくれていたのだろうと思う。しょうがいのない自分たちの常識や価値観などを、最後までは押し付けないでいてくれたことには感謝している。しょうがいしゃは、たくさんの人に助けられないと日常生活さえ送れない存在でもある。迷惑をかけていると考えるのか、多くの人と知り合ってつながり、サービスを受けることで仕事も生み出していると考えるのか、大きな違いだ。

津久井やまゆり園の殺傷事件の犯人のなかに優生思想があったことは確かなことだ。さまざまな価値観があることも確かだ。けれども、一つのことにいろいろな側面があることを私たちは知っているはずで、重度のしょうがいしゃにも、しょうがいしゃという側面だけではない別の側面があるはずだ。しょうがいしゃや高齢者など、サービスを利用したり支援を必要とする人が、社会に遠慮することなく暮らせる社会をつくることが、日本をはじめ先進国と呼ばれる国々が本当にすべきことだと思っている。

私が地域へ帰るとき

木村英子●きむら　えいこ

著者20歳、
自立生活1年目

朝、目が覚めて「ここはどこだろう」とあたりを見回す。隣に寝ている夫と息子の顔を見て、ここは我が家だ、ここが私の現実なんだと実感しやっと安堵《あんど》する。ときおり、私はまだ施設にいて、地域で家族と暮らす今の生活は夢ではないかという錯覚《さっかく》に陥り、そして絶望感に襲われる。

施設にいたときよりも地域に出てきてからの生活の方が長いはずなのに、いまだに施設にいるような感覚に戻され、突然、幼児体験がフラッシュバックしてくる。あのころの痛みが私の潜在《せんざい》意識《いしき》に深く刻まれ、大人になった今もなお消えることはない。

施設という名の牢獄

私は、1965年に横浜《よこはま》市で生まれた。生後8か月のころ、歩行器ごと玄関へ落ちて、障害者になってから施設に預けられ、家庭を知らずに育ってきた。物心《ものごころ》ついたときは施設のベッドの上だった。見えるのは、白い天井に並んだ四角い線とその中に無数にある黒い点。ベッドの上では、その丸い点を数えながら空想の旅に出る以外やることは何もなかった。朝、目が覚めると「また今日がきちゃった」とがっかりする。看護婦《かんごふ》（*）が6時に体温を測りに来る。そこから悪夢の一日が始まる。

7時に朝食、それまでに着替え、洗面、トイレをすませ、矯正靴《きょうせいぐつ》を履《は》き、食堂へ杖をついて長い廊下《ろうか》を歩いていかなければならない。歩くのが怖くて遅い私にとっては、千里《せんり》にも等しい遠い道のりだ。当然、1時間では間に合わず、食堂に着いたとたん、みんなの視線がいっせいに私に突き刺さる。

お局《つぼね》（いちばん長くいる、いちばん怖い看護婦）が、私をにらんで口元《くちもと》にはうすら笑いを浮かべながら言う。

「ほらみんな見てごらん、またこの子、遅刻《ちこく》だよ。おまえは今日もご飯抜きだよ。みんなに土下座《どげざ》して謝りな」

「ごめんなさい」

「もっと大きな声で言わないと聞こえないよ。さあこの遅刻魔《ちこくま》にみんなもなにか言いな」

そう言って、子どもたちに指をさし始めた。さされた子は「英子《えいこ》ちゃんの遅刻魔、のろま、バカ、まぬけ」と、順番に罵声《ばせい》を浴《あ》びせる。

仲のよい友だちの番になると、その子は気まずそうに小さな声でつぶやいた。でも、その目はごめんねと言っているようにも見えた。

私は本当はすごく泣きたいのに、恥ずかしさと悔《くや》しさと恐怖《きょうふ》で涙が出なかった。私のあとに遅れてきた子も、同じようにいびられた。その子は耐えられずに泣き出してしまった。食事が終わり、みんなが去ったあと、一人廊下の隅《すみ》で泣いていると、さっき、お局のひどい仕打ちを見て見ぬふりをしていた新人看護婦がそっと頭をなでてくれて、「英子ちゃんよくがんばったね」と、おにぎりを私の手にのせてくれた。

「私があげたことは、決して言ってはだめだよ。バレたらもうあげられなくなっちゃうからね」。彼女はそう言って去っていった。嬉しくて泣きながら食べたおにぎりの美味しさは、今でも忘れられない。

鬼のようなお局は、どの病棟《びょうとう》にも必ずいる。子どもたちは、その日のいじめのターゲットにならないように、あの手この手を使って、嫌われないように振る舞うしかなかった。

朝食が終わると、子どもたちは首にカードをかけられ、午前中は足や手の機能訓練に行かされる。私はいつも痛いことばかりされる訓練が大嫌いだったので、泣いてばかりいた。

午後は、病棟から廊下でつながっている付属の養護《ようご》学校で授業を受ける。私にとっては、地獄《じごく》のような病棟での生活の中で唯一《ゆいいつ》の安らぎの場所だった。だから、授業が終わると病棟に帰りたくないと先生にいつも駄々《だだ》をこねた。とくにその日の泊まりの看護婦が私をいじめる人だったときは、職員室にかくれて先生に「帰ったらボイラー室に入れられるから帰りたくない」とべそをかいた。

先生は困った顔をして「英子ちゃんごめんね、また話は聞いてあげるから、これ以上ここにいたらもっと怒られるから、帰ろうね」とエレベーターに乗せられた。

病棟につくと、案の定、お局看護婦は私をにらみつけて「本当におまえは出来の悪い子だね、お仕置きしなきゃね」とニヤリと笑った。洗面と着替えを終え、7時半にベッドに入る時間になっても、私のところには誰も来てくれない。周りの子どもは一人ずつベッドに上げてもらえるのに、私だけ看護婦が素通りしていく。隣のベッドの友だちは心配そうに私を見る。私は怖くて看護婦に声もかけられない。


8時、病棟の電気がいっせいに消される。暗闇《くらやみ》の中で隣の友だちが小さい声で「英子ちゃん、私が手伝ってあげる」と言って身を乗り出し、手を差し伸べた。だけどどうてい無理だった。友だちは「できないよ、ごめんね」と言っていつか眠ってしまった。私はしかたなく冷たい廊下にうずくまって寝るしかなかった。でも、冷たい廊下では寝られないどころかトイレが当然近くなる。

そしてやっぱりトイレに行きたくなったが、いつものお仕置きが頭に浮かび、怖くて看護婦を呼ぶことができず、冷たい廊下を這《は》いずってトイレに向かう。トイレはナースステーションの向かい側にあり、少しずつしか進めない私には、とても遠い。看護婦に見つからないように息をひそめて、おしっこが出そうになるのを我慢《がまん》しながら這いずり続けてどのぐらい時間がたったかわからない。とうとう間に合わずおもらしをしてしまい、巡回に来た看護婦に見つかり、恐れていたお仕置きはまたもや現実となった。

「またおまえなの、懲《こ》りない子だよ、ボイラー室で反省しな」怒鳴りつけられて、お尻を数回たたかれた。「ごめんなさい、もうしません。お願いです、ボイラー室に入れないで」と泣き叫んだが、容赦《ようしゃ》なく入れられた。友だちが同じようにお仕置《しお》きを受けたとき、その子は恐怖のあまりてんかんを起こし、けいれんして白目をむいて倒れてしまった。

そんな悲惨《ひさん》な毎日が、私とそこに預けられた子どもたちのあたり前の日常であり、避けがたい現実だった。毎日が生きた心地がしなかった。夜寝る前には「神様、どうか明日はひどい目にあいませんように」と祈り、朝目が覚めて白い天井を見ると、また日々の恐怖の思いが身体によみがえり、「神様どうか今日はいじめにあいませんように」と祈ることが私の日課になっていた。

天使が悪魔に変わるとき

新人看護婦は、誰にも甘えられない子どもたちにとって一時《いっとき》のアイドルだ。新人看護婦が入ってくると嬉しさのあまり、われ先にと新人看護婦に群がっていく。「ねぇ私を抱っこして」「ぼくも」「私が先よ」。新人看護婦の身体は子どもたちが乗っかって、みるみるうちに見えなくなる。その光景の先に、お局看護婦のにらみつけている顔が見える。私は背筋がゾッとしながらも、今の一瞬の幸せを逃したくなくて、周りの子を押しのけてまでも必死に抱っこをせがみ続けた。親から離れ、愛情に飢えている私と周りの子どもたちにとって、我慢できないほど欲しかった束《つか》の間の幸せだった。

しかし、その幸せは一瞬にして消えてしまう。その後、新人看護婦はお局看護婦に、恒《こう》例《れい》の新人いじめを受けるからだ。何回か目撃したが、とても怖い光景だった。新人看護婦はお局看護婦たち3、4人に施設の庭に連れ出され、身体をどつかれながら嫌味《いやみ》をあびせられる。かくれて見ている私には、全部は聞こえないが、こんなことを言われていた。

「子どもたちにちやほやされて、いい気になるんじゃないよ。あんたが甘やかすと風紀《ふうき》が乱れるんだよ、これからは余計《よけい》なことをするんじゃないよ。わかったなら謝りな」

新人看護婦は泣きながら病棟に去っていく。

その後、その新人看護婦に「ねぇ看護婦さん遊んで」とねだると、怖い顔をして「もう私に話しかけないで。あっちへ行って」と冷たく追い払われる。白衣の天使が悪魔に変わる瞬間である。初めは希望にあふれていた優しい看護婦は、一年もたたないうちにお局看護婦と変わらない鬼看護婦に変貌《へんぼう》していく。子どもたちはしだいに声をかけなくなり、看護婦の目を見なくなる。


施設の中では、多かれ少なかれ虐待《ぎゃくたい》は毎日のようにある。

もちろん虐待をする看護婦や職員ばかりではない。普通の良識をもっている人もいる。少数ではあったが、私をかばってくれたり、可愛がってくれた職員もいたおかげで、私は希望をあきらめずに前に進む心を養われたと実感している。

しかし施設の環境は、障害者の感覚を壊していくだけでなく、働いている職員の感覚（良識）を麻痺《まひ》させていく。なぜなら地域の中ではありえない理不尽《りふじん》な日常が施設で繰り返されていくうちに、お互いにその生活があたり前に思えてくる錯覚に陥っていくからである。たとえば暴言や虐待が行われていても、誰も止めない。密室で行われているので、外に知られることはない。障害者は差別や虐待をされることに麻痺しなければ命を保っていくことができないのが現実であり、職員は虐待をすることが許されている環境の中で、徐々に何の罪悪感も抱かなくなっていく。これが施設で生まれる恐ろしい麻痺の連鎖《れんさ》である。このような環境があたり前であれば、やまゆり園のような事件が起こっても不思議ではない。

私の子ども時代は、施設の決められた時間の中で、リハビリ、授業、手術、虐待が繰り返され、それがあたり前の生活として、身体に、心に、潜在意識《せんざいいしき》に、刷り込まれていった。施設に入れられている私たちは、地域ではぐくまれるべき本当の「あたり前」を知らない。それがどんなに私たちのその後の人生を狂わせてしまうのか、その大きな罪は、外の世界に知られることはない。そして、誰も知ろうとはしない。

19歳、地域に

私は18歳まで施設と養護学校で育ち、その世界しか知らず、外に一人で出たことがない。そんな私が高校生のとき、地域で自立生活を実現して結婚し子どもを産み、子育てをしている重度の障害を持った女性の手記を読んだ。その人の存在は私のいる世界からは飛び抜けていて、読み終わった後、出会ったことの嬉しさと羨《うらや》ましさで心がびっくりしすぎて涙があふれた。私の心に光が差した瞬間だった。

でも私は、一人で外へ出たことがない。どうやって地域で生きていったらいいのか、その術《すべ》をなにも知らない。養護学校の高等部を卒業したら施設行きは決まっていた。外へ出ることはとても怖くて想像がつかない。親も教師もできるはずがないと、猛反対だった。

私が地域へ出たかった理由は、今思えばたったひとつ。地獄のような施設にもう絶対に戻りたくない、という気持ちが強かったから。死ぬまで閉じ込められて生かされるくらいなら、死ぬかもしれないけど、憧れているあの人のように地域で生きてみたい。そう強く思った19歳。とても不安で怖かったけれど、本に登場した憧れのあの人のところへ飛び込んだ。そして数名の先輩に教えられ、支えられて、東京都国立市《くにたち》で自立生活を始めた。

19歳で初めて一人で外へ出たとき大勢の人がいるのに驚いた。
19歳で初めて一人で外へ出たとき外の広さに圧倒された。
19歳で初めて一人で街行く人に声をかけた。
19歳で初めて一人で電車やバスに乗った。
19歳で初めて一人で同じ年の健常者《けんじょうしゃ》に話しかけて友だちになった。
私が地域を初めて知ったのは19歳。

分けられてきたことの弊害

自立生活をしていく中で、地域のことを何も知らない自分に愕然《がくぜん》とした。私が生かされてきた施設で受けてきたことは、地域だったら犯罪になることかもしれないと知ったとき、そんな異常な環境に私はいたことに改めて愕然とした。そして地域という新しい世界に歩き始めた19歳。信号の見方も電車の切符《きっぷ》の買い方も知らない。身体的にはなにもできない私は、すべてに介護が必要なのに、人にどうやって話しかけていいのかもわからなくて、道端《みちばた》で何時間も固まっていたこともあった。施設と養護学校では、まったくと言っていいほど地域のことは教えられてこなかった。その現実を、私は地域生活の中で、壁にぶつかるたびに、実感してきた。私の感覚が普通じゃないことを自立生活の中で思い知らされてきた。

もっともいろんなことを吸収できるはずだった、大切な18年間という時間はもう取り戻すことはできない。幼い時から父に「お前は『片輪《かたわ》』なんだから人に嫌われないようにしなさい」と言い聞かされて育ち、それだけが私の生きる術だと信じていた。自分を不具者《ふぐしゃ》だと思い、したいことのすべてを我慢しようと心を押さえてきた、施設と養護学校の18年間は、今、地域で生きる私にとって大きな弊害《へいがい》になっている。その弊害（刷り込まれた知識や習慣）は今も、私を苦しめ続けている。

殺されていたのは私だったかもしれない

私たち重度障害者は、養護学校を卒業して親が介護できなくなれば施設に入れられる。やまゆり園という施設で19人もの障害者が殺害される残虐《ざんぎゃく》な事件がおきた。もし私が親の願いどおり施設に入っていたら、あそこで殺されていたのは私だったかもしれない。なぜなら私には刷り込まれた恐怖という確信があるから。幼い時に、夢であってほしいという恐怖が、現実になってしまうことの実感が体に刷り込まれている。私にとっては、思い出したくもない過去が、やまゆり園の事件によってフィードバックされるほど、恐怖が体にしみこんでいることが、とても苦しく、とても悲しい。私にとって施設は牢獄《ろうごく》でしかない。

地域で自立生活を始めてから32年が経った。重度の障害を持ちながらも結婚、出産、子育てと、健常者にとってのあたり前の生活や権利を、私は必死で生きて実現してきた。だけど、私と一緒に育ってきた友だちのほとんどは今も施設の中にいる。そして施設で最期《さいご》を迎えるしかない人が多い。重度障害者が勇気を持って出てくるには、あまりにも厳しい社会である。

分けられていくことが人を壊していく。

障害者が健常者と分けられた時点で、生活のすべてにおいて人とのつながりを失う。同じ環境にいれば、お互いを認め合いながら折り合いをつけ、ともに生きる地域社会を創っていくことができる。しかし社会は、差別と偏見の渦《うず》の中に、障害児を持った家族を孤立させ、家族だけに障害者を負わせる。その結末は、一家心中か、施設に預けるしか、生きる選択肢がない。どの親だって、初めは生まれたばかりの我が子を施設に入れたいと思う親はいない。私は両親を恨んでいない。なぜなら社会で障害児を抱えて生きていける環境がなく、親はやむなく施設に入れるしかなかったから。幼い時から私はずっと親から施設に捨てられたという思いを抱いてきた。もし、あのとき施設がなかったら、私は一家心《いっかしん》中《じゅう》で、殺されていたかもしれない。何度も未遂《みすい》で終わる恐怖を体験しているから。私には施設しか生きる選択肢がなかったが、私から家族を奪い、地域を奪い、あたり前の生活を奪った施設に対して、恐怖と怒り、そして憎悪《ぞうお》が消えることは決してなく、地域で自立生活をしている今もなおずっと私を苦しめ続けている。

地域で生きるために、差別と闘い続ける

差別は、分けられてきたことから生まれてくる。家族からも、学校からも、友だちからも、地域からも、排除されることから差別は広がっていく。自立生活を始めたころ、私は差別がなにかがわからなかった。怒りを出せなかった。人にひどいことを言われても、施設や養護学校ではいつも言われてきたことだったので、それがあたり前と思っていた。でも地域へ出て私の受けてきたことや与えられてきた環境はあたり前ではないことを知った時、最初は悲しく、自分がとても哀《あわ》れでたまらなかった。社会の壁にぶつかるたびに怒りを持った。ただ地域の中で、あたり前に生きていきたいだけなのに。障害者というだけで

社会のあらゆる場所で差別される。

差別と闘わないと地域で生きられないなんて、こんな不公平なことはない。私は闘いは嫌いだ。でも、地域で生き続けていくためには差別と闘わなければ、今の大切な生活を失ってしまう。この地域での生活を守るために、差別と闘い続けるしかない。

生まれてから同じ地域で近所の子どもたちと遊び、同じ学校に通い、同じ社会の一員として社会人になって、未来を担う一人として尊重され、ともに生きていける社会があったら、こんな差別を受けることはなかっただろう。人は同じ社会の中で、ともに生きることがあたり前だと、今、地域で生きていく中で私は痛感している。

私自身の半生は、障害を持ったことで地域から排除され分けられた環境で培《つちか》われてきた普通ではない自分との闘いと、差別的な社会との闘い。そして仲間とともに地域で生き、仲間とともに闘っていける喜び、それが私にとって地域で生きるということ。

私が地域へ帰るとき、それは朝、目が覚めた時、たしかに地域で生きている今の、この現実が夢ではなく、あたり前だと実感できる日が来たときだと私は信じて止まない。

＊　看護師（現在の呼び方）は、二〇〇一年の法改正以前は看護婦・看護士の両方の呼び方がされていた。

地域で生きる

ケーキ売りのつぶやき

実方裕二●じつかた　ゆうじ

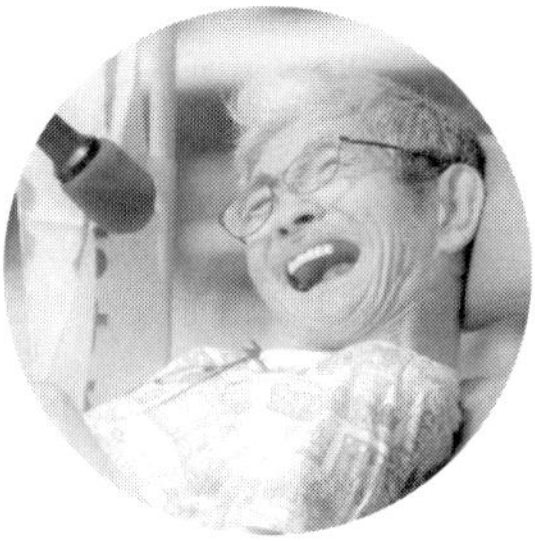

自己紹介

私は、実方裕二《じつかたゆうじ》と申す電動車イスで飛ばすのが趣味な58歳のオヤジです。１９５９年、東京都大田区《おおた》に生まれました。

cafe《カフェ》ゆうじ屋を営んでいます。といえばカッコよく聞こえるかも知れませんが、そもそも出発点が「自分の生活を立て直す」という目的からでした。

35年前のラッキー続きな私の「家出」は、先輩の見よう見まねでした。

「夢」をつかむまでのただれた生活

30年ほど前、東京都の世田谷区《せたがや》を中心にショウガイシャ運動にかかわっていた私は、運動の中で掲げているスローガンを追いかけているだけという感じでした。生活と運動が分かれている状態でした。

たとえば、「地域の人たちと一緒に生きる」とか言っておいて、私の毎日は、夕方から会議に出て、それが終わるとただ飲みに行って、夜中に弁当買って帰り食べて寝る。そして、昼過ぎまで寝ていてパチンコ等で遊び、そのまま会議に出るという繰り返しでした。そんな暮らし方で、地域の人とどこで出会うのでしょう。

それは同時に、私自身の生き方がなかったことを物語っていたのです。「自分は何をやっていくのか、それに向かってどうやっていくのか」という生活するうえであたり前のことをはっきりしないまま、一人暮らしを始めていたのです。

そんな私ですから、いろいろ手痛い失態《しったい》を繰り返し、迷惑もかけ通しでした。そんなころ、世田谷以外のバンド関係の友だちができました。

つきあいが半年ぐらいたったころ、その人から、「裕二、ショウガイシャだからって甘えるのもたいがいにしろ。いつまでも被害者面《ひがいしゃづら》してないで、お前、働け」と強めに背中をたたかれたのが、ゆうじ屋の出発点と言っても過言《かごん》ではありません。その強めの問いに対して私は、「食べ物で仕事をしたい」と答えました。

一人暮らしを始めて「自分の手でつくれなくても、調理方法や味つけの感覚を覚えて、介助者に伝えながらつくるのが重度ショウガイシャの料理だ」という感覚は身に付きだしていました。ご飯のおかずを自分なりに適当に考えてつくっていました。でき上がったものは、けっこう評判がよかったこともあり、おぼろげながら「食堂みたいなものでもやりたいな」という思いはありました。でも、重度ショウガイシャが料理をつくるという感覚がない世の中で、食堂をやりたいなどと言える勇気はありませんでした。無論、腕前に自信があったわけでもありません。

家出から10年もたっていました。そんなふうに自分の生き方をはっきり持ってない私でしたが、先輩たちに頼り切っていることにも嫌気《いやけ》がさしていました。同時に、ショウガイシャ同士の、スローガン第一主義的な、なあなあ関係にも強い違和感《いわかん》を持ち始めていました。

cafe ゆうじ屋への道

そのあたりから10年間ほど運動から遠ざかりました。その間、私は自分の中身づくりに終始していたつもりです。「食べ物で仕事をしたい」という自分の夢（目標）を持つと、「夢をどう実現していくか」を考えて実行していくうちに、いろんなイメージがわいてきて、頼らないで主体的な行動ができるようになっていました。

先の強めの問いをくれた、バンドをやっている友だちからは「ライブハウスで演奏していても、いろんな制約があって思うようなライブができない。だから、自分たちでライブハウスをやるような企画を考えている。ライブハウスには、飲み物・食べ物は欠かせないから、裕二が責任もって用意すれば、お前の修行《しゅぎょう》にもなるからいいじゃん」との思いやり深き提案をいただきました。「重度ショウガイシャを雇って、修行させてくれるところなどない」という世の中の状況をよくわかった上での、私への責任の取り方だった気がします。

世の中では、「重度ショウガイシャが介助者につくり方を伝えてつくったものは、ショウガイシャ本人がつくった」とは見られないのです。私は、養護《ようご》学校時代に「一人でできないことを人に頼むことは、迷惑をかけることだ」という押し付け教育を受けていたので、このことを身にしみて感じていました。cafe ゆうじ屋を始めてからは、お客様から「このカレー、すごくおいしいね。誰がつくったの？　あなたはムリよね。いいコックがいるんでしょう」と、私がつくることなど想像もしてくれないのです。「一から十まで、私がつくっています。レシピも、食べ歩いてオリジナル料理をつくっています。もちろん、失敗の繰り返しですがね」と、そこまで言うと、半信半疑《はんしんはんぎ》で信じてくれます。

10年ほど前からは、一人でゆうじ屋のケーキを売り歩いています。最初は、介助者やバイトの方と一緒に、公園の入口等で販売していましたが、人手不足やいろんな問題が重なり、私が一人で売るしかなくなったのです。

当時の心境は、「一人で売るのは、お客様への対応も、言葉がわからなくてはしょうがないし、ケーキやお金の受け渡しもできないからムリだ」と、心細さをショウガイのせいにすり替えていたような気がします。

売り上げを出すために、まず向かったのは母校の光《こう》明《めい》養護学校でした。「卒業してから35年以上たっているし、知り合いなど一人もいない。一人でこんなことをやるのは他人に迷惑をかけることだと言われたらどうしよう」と、昔受けた「押し付け教育」を引きずる私でした。しかし、そんな私のビビリとは裏腹《うらはら》に、先生方の対応は心地いいものでした。

いちばん最初に顔を合わせたのは、女性教師でした。車イスに付けていた小さめの看板を見て、「すごいわね。どうやって売るの？」と目玉をくりくりさせて驚きました。

「うしろのクーラーバッグにケーキが入っています。あけてみてください。おいしいですよ」という私の言葉も、聞き取れないと聞き返してくれました。養護学校の教師といっても、20~30年前はまともに聞き返す人は少なかったのです。

　ケーキはけっこう好評でうけまくり、完売が続くと、お調子者《ちょうしもの》の私のことですから、あらゆる施設や区役所等に売り廻りを開始しました。「言葉さえ聞いてくれれば、仲良くなれる。ケーキは一口でも食べてくれれば売れる」と変に手ごたえを感じ始めていました。

　そこからが、「重度ショウガイシャ風街頭販売」の幕開けです。保健所が発行している行商《ぎょうしょう》施行（行商の許可）を取り、大きめの看板に「ケーキがクーラーバッグに入っています。ご覧ください」と書いて車イスに掲げ、胸には値段等を書いたプレートをかけて、駅前などで販売活動を開始しました。

　最初は、なかなか声をかけられなかったのですが、「待っているだけじゃだめだ。こっちから声をかけるんだ」と、「おいしいけーきありますよ」と思いきって大きめの声で呼びかけました。何回か繰り返して反応を見ていたら、50代ぐらいの女性が「大丈夫ですか？　何か困っていますか？」と声をかけてくれました。私は「ありがとうございます」と言いながら、正直困ってしまいました。

　「けーきはいかが？」と繰り返してみると、やっと看板に気づいてくれ、「あっ、どこで売っているの？」と聞かれました。それだけ車イス乗りのオヤジがケーキを売ることなど想像もつかなかったのでしょう。こうした光景は、今でもあります。買っていただける場合も、そのまま気づいてもらえず、行ってしまわれることもよくあります。

　「セルフサービスね」と、勘違いされる方も多いです。セルフサービスは、無人のところが多いと思います。あるいは、お代のやり取りは機械で行うところが大半でしょう。でも、この移動販売は、言語障害が強い私といちいち確認しなければ売り買いが成立しないのです。

　移動販売を通して、子どもから大人まで知り合いになれて、おつきあいのきっかけになることを実感してきました。ショウガイシャの人たち、養護学校や施設に携わる皆さんに、ショウガイがあっても、積極的に生きられることを伝えられる可能性があると確信しています。ショウガイシャの方には、「自立生活」や運動のパターンを示すつもりでやっています。どうか、人生をあきらめずに「生活の主人公」になって生きましょうや。

残念なことに、健常者《けんじょうしゃ》の感覚では「自分一人でやる」ということにしか考えが及ばないのです。だから、ケガをしたり、歳《とし》をとって自分でできることが少なくなると、どうしていいのかわからなくなり、あわてふためいて、挙句《あげく》の果てには死を選ぶ方も少なくないのでしょう。ショウガイシャは、その健常者の愚かさをよく理解し、自分の身体に自信をもって教えてあげればいいはずです。ですから、ショウガイシャ、健常者問わず、重度ショウガイシャのライフメーキング（人に頼みながら生活を転がしていく）を伝えていき、ゆうじ屋の仕事をとおして広めていき、重度ショウガイシャのライフメーキングがあたり前になれば、ショウガイシャ以外の生きにくさを抱えている皆さんも、楽に生きられるはずです。

ロック好きが高じてラブ・エロ・ピース

現在、オリジナルメンバーは、ギター・ボーカル女《じょ》装《そう》飲んだくれオヤジ菅原《すがわら》ニョキ、嵐を呼ぶキーボードヨーコ、自称シャウトボーカリストお邪魔《じゃま》ん裕二の3人です。

ラブ・エロ・ピースの活動を始めてから、5年目を迎えようとしています。

最初は、私がニョキの世の中を意識した歌に惚《ほ》れて、ゆうじ屋でやってもらっていました。ライブ中は必ずカウンターの中で聞くうちに、歌を覚えた私は「ユニットやらない？」と申し込みました。一発目は、ほとんど声が出ないまま終わりました。悔しくてしょうがないので、やり続けて少しは声が出せるようになってきました。辛抱《しんぼう》強く、つき合ってくれたニョキのおかげです。その向き合いにこたえるためにも、ニョキの歌のうまさに助けられているばかりでは、ラブ・エロの活動を広めていくのは難しいです。そこで、ボイストレーニングを始めたり、いろんなカッコいいアーティストさん方とライブを一緒にやらせていただき、いいところを感じさせてもらい、歌い方のイメージづくりにしていきたいです。

ラブ・エロ・ピースは、二人の伝えたい思いが重なり合っているから、やけにパワフルに聞こえるのかも知れません。「思いのハーモニー」っていうか。私、なんかニョキに頼りたくなるんですけど、私が頼っちゃうとニョキの思いまで伝わらなくなるのよね。そんなところを感じてほしいと思ってライブもやっています。

それに加え、キーボードヨーコが乱入してくれたことで、音に厚みと面白さが増したような気がします。何より、ヨーコのファッションに度肝《どぎも》を抜かれている私です。ヨーコのコーラスに、興奮と期待している、今日このごろです。

何故に施設は

去年は、絶対に許すことのできない津久井《つくい》やまゆり園での惨殺《ざんさつ》が起こってしまいました。この惨殺を起こした卑怯者《ひきょうもの》がやってしまったことは、それ自体ひどいことで、とても言葉で言い表せないくらいの憤《いきどお》りを感じます。

同時に、私たち重度ショウガイシャや、精神ショウガイシャに対して最悪の波紋《はもん》を投《とう》じたことも忘れることはできません。「ショウガイシャは、生きるに値しない。生きる価値がない」という奴の発言はひどいです。でも、健常者があたり前とされている今の世の中で、子どもを生む時に、「異常（ショウガイ）」があるから、堕《お》ろす（殺す）」というのが当然の選択になってきています。

また、「精神ショウガイシャは、何をするかわからない。危険なもの」というレッテル貼《ば》りにも拍車《はくしゃ》がかかっています。以前、措置《そち》入院を経験された方から屈《くつ》辱的《じょくてき》な体験を聞かせていただきました。その話を聞いて、だいぶ違うかも知れませんが、自分だったらと考えてみました。

30年以上前に、同棲《どうせい》していた彼女とお別れをしました。私が彼女との向き合いから逃げたのが、大きい原因でした。「後悔先に立たず」で、彼女が出て行ってからパニックって、恥じらいもなく道路で車イスから降り、泣きわめいていました。周りの通行人からは、「救急車を呼ぼうかしら」という声も出ていたらしいです。その時の介助者が必死に付き合ってくれて、難は避けられました。くだらないたとえ話ですが、でも本当の意味の措置《そち》入院の役割は、薬などで思い通りにあやつろうとしたり、おさえ込むことではないでしょう。必要なのは、心の痛みを聞いて「じゃあ、どうしようか?」と一緒に考えることのできる人と場所であり、おつきあいが必要なのです。

ハーモニーという作業所の方々の行動や話を見聞きする中で痛感させられたことでした。

違いをつぶす世の中で、ショウガイシャへの『ふつう』と違って、言葉がわかりにくいし変な声、顔や体のゆがみは異形《いぎょう》だから、見たくない。世の中にはやっかいな者でいらない、社会から片付けたい」という露骨さをごまかすために、特に身体ショウガイシャを美化し、「ショウガイシャは、かわいそうな者。ショウガイに負けずに、健常者に近づこうとしている健気《けなげ》な努力家」と、正しくて偉いショウガイシャ像をつくり上げ、それを保持するためにも施設が存在しています。

「本当は、生きれないけど、殺すわけにいかないから生かしてやる。だから、おとなしくいうことを聞いていれば、生かしてあげましょう」。それが現在の大規模・小規模・通所施設と養護学校の位置づけだというのは極端かもしれません。でも、そうした感覚がまかり通る世の中なのは事実です。老人ホーム等も似たようなものだと思います。

こうした世の中の構造を保つために一役買っているのが、親の施設設立要求運動です。「自分たちの負担を軽くして、子どもたちの生きがいをつくってあげたい」という名目で、「施設をつくれ」と声をあげている親も多いです。でも、今の世の中の矛盾をまったく感じていない親や家族は少なくないはずです。一方、ふざけた風潮や変な常識にのっとって、子どもの人生を犠牲にしている人たちも少なくないでしょう。

でも、そういう要求をするのなら、子どものころから近所の子どもたちと遊ばせて仲良くさせたり、自分でできなくても、選ぶことの重要さを一緒に感じるようなことをやったほうが、ずっと子どものためになるでしょう。それを親御《おやご》さんばかりにも求めるのは無理なのかもしれませんが。私が、言いたかったのは、この「正しくて偉いショウガイシャ像」がショウガイシャをよけいに生きづらくしているということです。

自立生活者のイメージと現実

いちばん問題なのは、私も含め「自立ショウガイシャ」といわれている者たちです。

「自分たちの問題を解決するためには、ショウガイシャの存在が認められなければ、世の中は変わらない。健常者に近づくのではなく、ありのままの自分を出していくのだ。どんな重度ショウガイシャでも地域の中で生きていける」とか言いながら、何でも一人で解決できるような健常者っぽい強い自分を演じてしまいます。もちろん、介助は受けながらです。

周りから見ると（親御さんも含め）、「すごい人たちだわ。あれだけ物事を一人で考えて、判断している。きっと社会経験も豊富なのよね。うちの子は、社会経験もないから、とても無理に違いない」と雲の上の人に見られてしまいます。そのイメージのまま、私たちがいくら、親御さんに「大丈夫です。同じですから」と言ったところで、片一方で「強い子ぶって」いては、説得力をもてるわけがないです。

私の場合は、「ゆうじ屋をやっていてすごい」とよく言われます。その「すごい」というのは、「経営から何から何まで私が考えて決めている」という間違ったイメージなのです。経営のイメージなどほとんどわかない私ですから、店のスタッフや友だちからアドバイスされ、ときには叱られたりしながら、何とか続けているのが実情です。

正直言って、「すごい人だね」と言われるのが「嬉しい」と感じてしまうのが、くせ者です。人扱《ひとあつか》いされることが少ない分、健常者に近づいたり、ある部分で健常者を超えると、それだけ満足してしまうのです。本当は、多かれ少なかれ、いろんな人たちの影響を受けて、やり方も一緒に考えて築き上げていくことが重度ショウガイシャの生活と言ってもいいでしょう。ただし、重度ショウガイシャも「うまくいっても、いかなくても自分の責任だ」という心意気がなければ、生活の主人公にはなれないでしょう。

現在は、ショウガイシャがその心意気を身につけるための経験をすること自体も奪われています。ですから、既存の施設の職員方が少し見方を変えて、「多少の失敗は必要だ」と考えることが大きい意味があります。それができないのは、「一人でできない＝不可能」と決めつけてしまっているからでしょう。さらに重度ショウガイシャが介助を受けながら、自分のやり方を築き上げていくことを知らないか、そのことに興味を持てないのでしょう。でも、これこそが重度ショウガイシャへの自立支援のはずです。

今の大多数の施設では、職員の都合でプログラム等が考えられており、重度ショウガイシャはイベント等を楽しむだけの「お客様」になっています。職員の皆さんも、イベント等を自分たちがおぜん立てして成功させたり、日常のプログラムを何事もなく無事にその時間を終えることが目的になっています。それ自体が、周りの都合を押し付けることです。いろんな事情もあるでしょうが、親御さんや職員の方々が、私たちの介助を受けながらの生活のイメージを本当のところ理解されていないのも、大きな要因の一つでしょう。

養護学校の父兄や教師方も同じように、介助を受けながら自分で生活を転がして組み立てていくことを実感できないのです。ですから、私たちを親御さんや職員・教師方の知るための研修モデルに使ってほしいです。実際に体験してみてもらわないと、重度ショウガイシャが中心になって組み立てる生活のペースや雰囲気はわからないでしょう。

やまゆり園の惨殺を二度と繰り返させない

やまゆり園の惨殺は、私たち一人ひとりのショウガイシャが「世の中にはいらない。生きる価値がない」と言われていることだと感じます。私が、いくらケーキをいっぱい売って知り合いも多いといっても、見方によっては「顔は緊張でゆがんでみにくいし、言葉もわけがわからない。聴くに堪《た》えない声。何が歌だ。あんなのいらない。消してやる」という存在なのです。

やまゆり園の惨殺を二度と繰り返さないためには、鍵をかけることでもなく、監視カメラを付けることでもなく、重度といわれている方々が、街中でいきいきと生活の主人公として生きていける世の中にすることでしょう。重度ショウガイシャが生活の主人公になることが、優生思想《ゆうせいしそう》と戦える唯一の中身になるでしょう。

優生思想がはびこる世の中からすれば、やまゆり園のショウガイシャも、通所施設のショウガイシャも、私も、大差《たいさ》はありませんからね。いつ殺されても不思議はないでしょう。だからこそ、自分の命も含めて、他のショウガイシャと一緒に生活の主人公になるしかないのです。

私たち自立ショウガイシャといわれている者は、「世の中にはいらない。生きる価値がない」というひどい見方を感じないようにするために、必要のない介助を頼んでいるところもあると思います。介助者を防波堤《ぼうはてい》代わりにしているのは、私だけかも知れませんが。

自分を殺して、あたかも世の中の一員になったような錯覚に陥っているところもあるでしょう。そういう感じで日常に甘んじていると、「自分の存在が否定されている」ということを見失ってしまうのです。でも、私たちが日々「幸せボケ」している一方で、やまゆり園を筆頭に施設の中で、自分の意思《いし》をゆだねることで命を保っている仲間たちがいるのです。極端に聞こえるでしょうが、私たちはそういう仲間をないがしろにして自分たちはエンジョイしている、という自覚を持たなければならないはずです。その自覚があれば、現在も家族の中や施設・養護学校で、選択の余地を奪われている仲間たちに、自分たちがやってきた道筋を伝えていくことが落とし前の付け方なのでしょう。

先に書いたように親御さんや施設の職員さん・養護学校の教員方に、「ショウガイシャは劣っていて、健常者が優位」という間違った価値観や感覚を一緒にただしあっていくことも落とし前の一つです。そして、私たちが被害者面をやめるためにも、ショウガイシャ以外の生きにくさを抱えている人たちのことを学び、共通項を探していくことも重要です。

ですから、日常生活の中で伝えあったり、新たな理解を深め合う、つきあいをつくっていくことが大切なのです。それは、私にとってはゆうじ屋そのものであり、ケーキ売りが実戦の場なのです。

『ふつう』？

作詞　お邪魔ん裕二
作曲　菅原ニョキ

ふつうに　あこがれ
ふつうを　おいかけ
ふつうに　こびるおれ
ふつうが　きめつける
ふつうに　おさえられ
ふつうが　ころしてる
あるけて　まともにはなし
それが　よりよいにんげん
そんな　にんげんめざして
きそいあい　けちらしあい
じぶんと　じぶんが　ころしあう
じぶんと　じぶんが　ころしあう

やまゆりで　うしなった
よのなかは　わすれてる
みんなが　いきにくい
せいかつを　みあうんだ
つたえあい　つながるぜ

いかして　いかしあって　たたかいだ
いかして　いかしあって　たたかいだ

じぶんと　じぶんが　ころしあう
いかして　いかしあって　たたかいだ
じぶんと　じぶんが　ころしあう
いかして　いかしあって　たたかいだ

みんなちがってみんないい

猿渡達明●さるわたり　たつあき

私は1973年12月、東京都足立区《あだち》で生まれ、25歳まで足立区で過ごしました。早産で1250グラムとあまりにも小さく、仮死《かし》状態で生まれたので、白バイとパトカーで日赤《にっせき》病院に救急搬送《はんそう》されたそうです。重症黄疸《おうだん》だったので、交換輸血とか治療をしたそうです。

3歳以前に足の手術を受けて以後、数回、手術をしています。その後、東京都立北療育園城北《きたりょういくえんじょうほく》分園（通園。現在の医療型児童発達支援センター）に母子で通い、4歳のとき、母が地域の学校に通わせたいと教育委員会と交渉し、1979年に1か月間だけ肢体不自《したいふじ》由児養護《ゆうじようご》学校（現在の特別支援学校）幼稚《ようち》部に、その後、足立区立保育園に、小・中学校は地域の学校の普通学級に通いました。

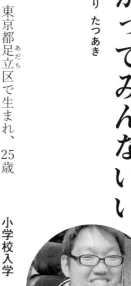

小学校入学

1979年、障害児の全員修学、養護学校義務化。それまで養護学校は軽度障害児を対象としていて、重度や重複の人は修学猶予《ゆうよ》や免除を余儀なくされていました。義務化で、訪問教育などで教育を受けられるようになりましたが、特に青い芝の会などは、「養護学校の義務化は、障害児を地域の学校から排除することにつながる」と反対運動を展開しました。1980年、私は小学校にはいってすぐに、脳性マヒによる足の拘《こう》縮《しゅく》の手術（アキレス腱《けん》・ハムストリングなどの延長術）のために、城北分園の本園の北療育園に入園し、退園後、小学校に復学。

50代後半の先生が担任でした。低学年のときは、「たっちゃん係」（私＝達明《たつあき》の係）というのがあったらしい。あまりにも昔のことで覚えてないですが。昇《しょう》降口《こうぐち》に手すりがなかったので、つくってくれました。また、私が階段とか上がれないために、私のクラスだけ1階に教室がありました。

登下校は、登校班に間に合わない場合は親の送迎《そうげい》でした。街は今みたいにバリアフリーも進んでいないし、母は自動車免許を取らなかったので、登校班に遅れると、私を自転車で学校まで送ってくれました。そのころは車イスは使っていなくて、ふだんは松葉杖《まつばづえ》またはバギー（子ども用の車イス）。補装具《ほそうぐ》を使ってきた分、足がすごく細くなってしまい、膝《ひざ》は筋緊張《きんきんちょう》が強く曲がっているので、体重が増えると歩けなくなることがずっとネックでした。

4年生から持ち上がりの先生が、私を特別扱いせず、体育や運動会もみんなと一緒にリズムなわとびや組体操をさせてくれ、サッカー、プールなども先生やみんなに助けてもらいながらしました。

プールでは、背泳ぎなどは腕を回せないので、先生が泳ぎ方の工夫をしてくれました。先生との約束は6年生までに5級を取ること。みっちり3年間がんばりました。ふだんの身体の運動量は少ないし、小児ぜんそくもあるので大変でした。プールにはいると筋緊張もでるし、体温調節がうまくできないので身体がガタガタ震えてしまい、実際5分もはいっていられなかった。

でも6年生のときに5級が取れました。できないところは先生が手伝ってくれました。家庭科とかも、できない部分は手伝ってもらっていました。

卒業式の日に、なんとなく友達とみんなで大泣きした記憶があります。

中学

中学では、2年生のときに、隣のクラスの友達が突然9組（支援学級）に入った。僕はよく、クラスの友達を9組に連れて行った。「なんで支援学級に友達を分けるのか？」と疑問をいだいたことも一つだし、障害のある友達を知ってほしかった。その友達は、高校でも隣の知的養護学校に進級しました。

中学でも、塾《じゅく》でも、いじめられたりしましたが、小学校から一緒の友達もいたし、塾ではほかの学校の友達が助けてくれました。いろいろあっても、小さいころから地域の中で一緒にいると、自然に受け入れてもらえる。障害があるから何もできないなんて、友達は思わなかったはず…。

インクルーシブ教育といいますが、障害者というレッテルをはらずに、何かしらの支援の必要な子どもも、他の子どもとの「関わり」の中で、得意なこと、不得意なこと、困っていることなどを日々共有して育ち合い、必要な時にサポートが受けられる教育の体制が必要です。同じクラスの中でサポートし合う。そして、一緒に意思表示《いしひょうじ》や意思伝達《いしでんたつ》の方法を考え合っていけば、支援の必要な子が「障害者」というレッテルの名でなく、一人の人間として生きていけます。社会から誰一人も排除《はいじょ》しないくふうが必要だと思っています。

高校（養護学校高等部）

高校受験するときは、9組（支援学級）の先生と普通学級の先生と校長と相談して決めました。足立区には障害のある子がはいれる学校がなかったので、葛飾《かつしか》区に転出し都立高校を受験しましたが、普通高校にははいれず、幼稚部で通った養護学校の高等部への進学でした。

たしかに授業に関してはもっと勉強したかったけど、でもパソコンを習えたことはすごくよかった。土曜には数学の先生が、のこ勉（いのこり勉強）をしてくれ、先生と周りのお客さんとかで、路線バスから手動車イスを降ろしてもらいました。

土日にはまた、先生がボランティアで、いろいろなところに連れ出してもくれました。松葉杖や車イス、クラッチ杖のみんなで、浅草《あさくさ》に行ったり、映画を観《み》に行ったり。

就職

高等部を卒業し、6月に自動車免許を取得。7月に富士《ふじ》火災海上保険㈱に嘱託《しょくたく》社員として就職しました。特別に自動車通勤を許可してもらい、足立サービスセンターに通勤。

会社の本社が以前、大阪にあったので、社員は同和《どうわ》問題に関しては研修を受けていましたが、職場では、障害については徐々に理解は進んだものの、差別なのか障害の理解の欠如なのか（もしかしたら配慮なのかもわかりませんが）、昼食、お花見や飲み会、旅行、歓送迎会等、会社外に出ることはほぼ不可能。たまたま下のフロアーの営業の人が、飲み会や遊び、花見とかに誘ってくれ、朝は会社に送ってきてくれたりしました。

その会社を退職する1年くらい前に、脳性マヒのお子さんがいる上司が転勤してきて、会社の中は変わりました。通勤で車を使うので、駐車場料金の半額を会社が負担してくれたり。身体の体調の維持のために理学療法（ＰＴ）が必要で、週1回の訓練を受けていたので、通院休暇をつくってもらったりもしました。その部分は会社に感謝しています。

仕事のほかの活動

学校を卒業して少したったころ、先輩方が親《おや》亡《な》き後の問題を契機として、足立区肢体不自由児者父母の会の本人部会として「ケア付きを住宅を実現する会」をつくり、どうしたら実現できるのか模索していました。最終的には父母の会を法人化し、施設の上にグループホームをつくるみたいな話になり、自立生活を始めた人もいます。

そのころだったと思いますが、重症心身障害児を持つ親が中心となって、足立区保木間《ほきま》のアパートを拠点に、重い障害があるがために家に閉じこもりがちな子どもたちに、もっと外に「でてこい」との思いを込めて「でてこいサークル」と名づけた活動をしており、私は、宿泊体験（連泊）と放課後活動を手伝っていました。

結婚

障害のある人たちと仕事をしたいと、世田谷《せたがや》区にある自立生活センター「ハンズ世田谷」や町田《まちだ》市の「町田ヒューマンネットワーク」で、自立生活プログラムやピア・カウンセリングの講座にでていたときに、その後、結婚することになるパートナーに出合いました。

彼女は講座のリーダーとして来ていました。私は、会社をやめるかどうか考えながら、気持ちの整理をピア・カウンセリングで行っていき、会社に通勤しながら、彼女がつくった自立生活センターにも研修からスタッフになり通いました。

スタッフとして仕事を一緒にしていく中で、一緒にいたいという思いが強くなっていきました。彼女は成人する前に自立していました。CIL（自立生活センター）の代表でとても忙しいので、最初はファックスや電話でずっとやりとりをし、その後、私は相模原《さがみはら》市にあるケア付き住宅「シャローム」に入居し、制度を利用し、地域に関係をつくりながら、介助者にサポートしてもらって県営の世帯用車イス住宅の入居申請をしました。

結婚したらどちらの姓《せい》を名のるか、私が長男なので両親にこだわりはありましたが、彼女の姓にすることを母は了解してくれました。

そのころ、彼女の妊娠がわかりました。住宅の申込み説明会に、何回も二人で通ったときは、なぜがいつも雨。ケンカもしたけれど、しっかりしているロールモデルでもある彼女にひかれていき、結婚して家族ができて、一緒に生活できたことは本当に光栄に思います。いまでも大切な思い出。彼女は、脳性マヒとADHD（注意欠陥《ちゅういけっかん》・多動性障害《たどうせいしょうがい》）のある私の介助の指示のサポートなどもよくしてくれました。

親になった二人

子育ては三者三様、「みんなちがってみんないい」。僕たちが唯一《ゆいいつ》、違うことといえば、障害、ハンディキャップがあること。ただそれだけ。

昔だったら障害のある人で子育てするのは、本当に一握りの人で、障害者運動や自立生活センターなどを経由して、強烈な自己主張をしてきた人と言われます。子《し》宮摘出《きゅうてきしゅつ》入所施設で、産婦人科医に盲腸《もうちょう》とうそをつかれ、子宮摘出された人もいました。うちだって、彼女のお父さんは、障害者夫婦、まして脳性マヒで子どもを育てられるはずがないと思われていたので、彼女が妊娠したとき、中学生や高校生が妊娠したかのように驚きました。黙って中絶させたかったみたいでしたが、日曜だったので医者がいなかった。

でも、障害があって子どもがいるっておかしいことなのか、自分で全部できなきゃいけないのか、障害があったら…。それって、優生思想《ゆうせいしそう》って、障害のある子の出生を防止するって聞いただけで怖い。

無事に一人目が生まれました。うちでは、お互いの両親に手伝ってもらわないで子育てをすると決めたので、いろんな部分に当たり前にサポートが必要。夜は、日中の介助者の人たちに半年間くらい、ずっと泊まってもらいました。私たちが子育てが初めてで、脳性マヒという障害の特性上、筋肉によけいな力がはいって複雑な動作をすることにすごく時間がかかるから、最初の沐浴《もくよく》などは練習もしました。生活全般に介助が必要だけれども、どの部分を自分でやって、どの部分を介助者ボランティアさんと一緒にやるかを話し合い、周りに伝えていきました。

その中で、介助や育児支援に対しての基準というか、ルールをつくりました。子どものことに関しては、二人で基本方針を決めました。基準は、彼女がどこまでどうするか、二人で協力できること、そして最大のルールは、お互いの両親には手伝ってもらわないこと。

近くの大学とかスーパーなどに介助のボランティア募集を出して、社協とか地域のボランティア、友人などに声をかけ、数人の方にはいってもらいました。パートナーと一緒に、うちの子育ての基本方針を話しました。基本的に障害のある私たちができないことは、命に関すること以外、危なくても手を出さないこと。私たちができること以上はしないこと。

それはなぜか。もちろん、私たちは親だということと。子どもたちは遊んだりいろいろできる他の人のほうに行ってしまうから。だから、だっこはいいけど、高い高いをしないとか、ミルクやおむつなどは親の私たちが判断し、私たちから指示が出なかったら、介助者もボランティアさんも動かないということ。

特に長男には厳しく教えました。介助者さんは、父ちゃんと母ちゃんのサポートをするために来ているから、何かをしてほしいときは必ず私たちに聞いて、私たちから指示があったら動いてもらう。遊び相手ではないこと。私たちと介助者や関わってくれる方の関係を教えていきました。

小さい子にこんなことを教えるなんて、ふつうの人ならしないし、障害の当事者の結婚でも、男性のほうは障害のない人のことが多く、家族も子育てに関わっている部分では違うのかなと思いますが、私たちは両親の力を借りずに「住み慣れた地域の中で子育てをしたい」。当たり前の考えだけど、障害があるというだけで大きな差が出てきます。

保育所

多くの障害のある仲間たちが子育てをする環境から考えても、今でも、介助者（ヘルパー）数が絶対たりない。保育園には親が働いていないとはいれない。なかなか働くことができていない人や、仕事をしていてもある程度の収入がないと、はいれない。子育てのために働くのはわかるけど、延長保育にもお金がかかるし、「何のために働いてるのかな」と思うこともありました。

無料にしてほしいと書いているわけではないのです。特に、障害児で医療的ケアを必要な子の場合は深刻です。保育園に子どもをいれたくても、はいれない。看護師や医療的ケアの研修を受けた人を、重度訪問介護みたいにもっと保育園に配置できるといいのにと思いました。

長男のときは、何もかもが手探り状態で、役所や周りの人たちから「あなたたちに育てられるの？　親は来ないの？」って聞かれたときは、本当にくやしかった。私たちが「一人前じゃない」と言われているようで、非常にいやでした。

長男は生後半年のとき、次男は生後2か月のときに保育園にはいりましたが、保育園にエレベーターはありませんでした。公立園だけど昔の建物だったから。でも介助者や先生方の協力があったおかげで、なんとかなりました。長男が0歳から2歳のころ、次男が生まれこともあっていちばん大変でした。

長男は妊娠がわかったとき「堕《お》ろしに来たの？」と言われましたが、でも、次男は「おめでとう」と言ってもらえました。次男は、介助も泊まりは入れずに二人でできました。やっぱり慣れは大切なんですね。

特に生まれてから保育園の卒園あたりまでは、子どもたちが小さいながらも本当に一生懸命に生きていて、毎日できないことができていくので、すごくうれしかった。保育園や小学校でビデオや写真を撮っていてもいつも感動の嵐。子育てできて良かったと思いました。

子育ての時代、私は相模原市に２０１０年まで12年間住んでいました。結婚も離婚も子育ても経験しました。つらいことも当然ね。でも、もとかぁーちゃんに出あえたこと、家族ができたこと、障害者運動の先輩方いろいろな人とつながれたこと、いろいろな機会に恵まれた。それは本当に大きいものでした。

きらっといきる

ＮＨＫ・Ｅテレの福祉系情報番組の『きらっといきる』（ＮＨＫ大阪放送局が制作。１９９９年4月から２０１２年3月まで放送されていた）に出演を決めたときも、私たちは、障害があっても介助や周りとの関係があれば子育てはできると、地域、ボランティア、いろいろな方との関わりで子育てをしているのを伝えたかった。

1か月間、取材が来て、収録は大阪に行きました。放送のなかで「お父さんも、もっと育児に参加してほしい」と言いましたが、その気持ちは、今も変わっていません。

番組の放送後、私のホームページや掲示板に「障害があって何もできないのに」とか「自分で子育てできないのに」など、いちいち思い出せないくらいたくさんの誹謗中傷《ひぼうちゅうしょう》が書かれました。小さいころから障害のある人と分離《ぶんり》教育《きょういく》の中で育ったので、障害者のことを知らず、私たち障害のある人の子育てを見て、自分だけではなにもできないことや、しづらい部分だけ見えたのかもしれません。

再放送があると、また同じ目にあうと思い、再放送は見合わせてもらいました。その後、長男が小学校入学のとき、他局からの取材申し込みがあったが断りました。

津久井やまゆり園事件

忘れもしない２０１６年7月26日。テレビを見たときにぞっとしました。救急車、パトカー…。いったい何が起こったんだろう。

でも、ゆっくり見ている余裕がなかった。その日は東京都相談支援従事者初任者研修のまとめ役のデビュー日でした。家を出ようとバタバタしている中で、テレビではニュースが流れていました。その後わかったことですが、19人の命は無残にも断たれてしまった。

11月4日、生きる会や他団体と一緒に相模原市と交渉。神奈川県が事件の検証委員会をしていますが、相模原市は、やまゆり園のことは「県にまかせています」くらいで、なにもなかった。

11月13日、リメンバー7・26東京アクションと対話集会に参加。JR吉祥寺《きちじょうじ》駅前で、優生思想や事件について話し、ビラをまき、障害のある人が地域で生きていることを知ってくださいと訴えました。午後は、みんなでやまゆり園のことについて、優生思想について、話をしました。

12月14日、ピープルファースト横浜《よこはま》主催の津久井《つくい》やまゆり園・建て替えを話し合う会。「生きる価値はない」なんて、小さいときから一緒に生活していけば、地域の中に彼らはいたはずなのに…。

12月26日の献花台の撤去《てっきょ》のときも、ピープルファースト（＊22ページ参照）や東京・神奈川・埼玉・西宮《にしのみや》などの知的や精神・身体の人など、フェイスブックやメールで連絡をし合って、30人くらいの仲間が集まり、申し入れ書を渡したりしました。

年が明けて1月10日、やまゆり園建替えに関する県のヒアリングを傍聴《ぼうちょう》。

1月26日、神奈川集会。終わったあと、10・30実行委員会、神奈川メンバー、しんきんネット、ピープルファーストなどで、県庁前で抗議行動。

2月4日、CILだんない職員研修で、JCIL（日本自立生活センター）の渡邉琢《わたなべたく》氏と私が講師をしました。

2月18日、日本自立生活センター「国際障害者年シンポジウム相模原障害者殺傷事件、どう受け止め、どう考えるか」に指定発言者として発言。

県が公表した建て替え構想への抗議行動や集会、各団体からの要望書などがあって、2月、神奈川県は県障害者施策審議会の津久井やまゆり園再生基本構想策定に関する部会で検討を始めました。5月中旬までに7回開催され、私は第1回以外は傍聴しています。

委員には知的障害者の当事者の方や学識経験者。参考人でかながわ共同会やオール横浜の施設協会が来ました。相模原市で起こった事件で、津久井やまゆり園には相模原から入所者が63名もいるのに、委員に相模原市民がほとんどいないことが非常にくやしい。

さいごに

神奈川県の基本構想の部会で、津久井やまゆり園の利用者＝当事者の声を聞いていくという方向が出ています。意思決定支援。私なら、社会体験や自立障害者への訪問をさせてあげて、ピープルファーストや本人活動、ネットさがみはら、ＣＩＬなど、多くの方と協力して、ていねいに声を聞きとりたい。まとめ役やサポーター（助言者）に多くの障害当事者をいれてほしいです。

仕事やお金も大事だけど、私たちの最大の仕事は「生きること」。私たちが、どんなことを考えて行動しているか、それを身体を張って伝えていくことは大事です。

子どもが生まれたとき、悪気はないと思うけど、「障害のない子が生まれて良かったね」と言われました。でも、別にそんなつもりで家族がほしかったんじゃないし、パートナーと私の二人は自分たちの経験もあって仲間もいっぱいいるし、支え合って生きていけることをわかっていたから全然怖くありませんでした。

いま、周りの目線が怖いと思うことはありますが、自分が選んだ地域の中で生きていきたい。審議会の傍聴に行ったり、自分の目で障害者の施策がどうなるかをしっかり見ていきたいと思っています。

私の被差別体験記

熱田弘幸●あつた　ひろゆき

津久井《つくい》やまゆり園事件の被告人は「障害者は不幸をつくり出す存在であり、いなくなればいい」と言っています。こうした障害者の存在を否定する優生思想《ゆうせいしそう》は社会にまん延《えん》していると言っても過言ではありません。たとえどんなに重度の「障害」があっても、命と尊厳が守られ、権利の主体としてすべての分野に参加し、多様性《たようせい》が認められる社会をつくっていかねばなりません。

私の障害と子ども時代

私は1962年12月、千葉県生まれです。軽度のアスペルガー症候群《しょうこうぐん》（広汎性《こうはんせい》発達障害）を持つ小学生の息子と同居しています。某大企業関連会社で以前はシステムエンジニアをしていたのですが、総務人事担当に異動《いどう》となり、衛生管理者資格を取得し、現在、廃棄物管理・安全衛生・労務管理等の仕事をしています。

さて、私にはCP聴障《シーピーちょうしょう》という「障害」があります。CP聴障とは、CP（脳性小児麻痺《のうせいしょうにまひ》）と聴覚《ちょうかく》「障害」との重複《ちょうふく》「障害」を意味します。一般的に脳性小児麻痺は運動機能や体幹《たいかん》機能に「障害」がある場合が多いのですが、聴覚にも「障害」があることも多いのです。CP聴障には難聴《なんちょう》とろうがありますが、私の場合は高度難聴です。CP聴障の場合、外見上の運動機能「障害」や体幹機能「障害」は判別しやすいのですが、なかなか聴覚「障害」はわかりにくいのです。

私はいわゆる特殊《とくしゅ》教育を受けていません。

就学前検診で「養護《ようご》学校に行ったほうが幸せだ。行ったほうが良いですよ」と教育委員会から言われました。普通ならそのまま養護学校に行かせるでしょう。しかし、私の親は「養護学校に行っても、温室《おんしつ》で育っては、将来、社会的自立ができない。普通学校で差別を受けながらも人並みの生活ができるようになってほしい」という希望があり、当時、「障害」程度が軽かったこともあり、松戸《まつど》養護学校の先生からは「普通学校か、養護学校に行くなら東京教育大（現・筑波《つくば》大）付属《ふぞく》桐《きり》ヶ丘《がおか》」という助言もあって、普通の小学校に入学しました。

小学校に入って、まもなく難聴があることが判明し、中部《ちゅうぶ》小学校の難聴学級に通級《つうきゅう》していました。当時の担任は、私が聞こえるように磁気《じき》ループ機器を導入するといった、いわゆる合理的配慮《ごうりてきはいりょ》を積極的にしてくれました。

もっとも、ある程度の成績をとっていたため、特殊学校への転校話はありませんでした。小・中学校のころはいじめられたことはありましたが、周囲の友だちも何人かいたので、それほど多くはありませんでした。周囲が健常者《けんじょうしゃ》ばかりだったため、当時の私は「自分は『障害』者ではなく普通だ」と思っていました。

最近、中学校のクラス会によく呼ばれるのですが、「あのころはいじめて悪かった」と謝ってきたので、「わかれば、もういいよ」と返したことがありました。彼らにしてみれば気になっていたんだと思いました。

しかし、私が高校に通っていたころ（1978〜80年）は、知的「障害」はもちろん、身体「障害」であっても高校になかなか入学できませんでした（今は知的「障害」でも高校に入れるようになっています）。人権教育もほとんど行われておらず、ましてや、「障害」者に対する理解も希薄でした。私は「障害」の重度化に伴い聴力が落ちていたのですが、それに対する配慮もまったくありませんでした。

いじめと孤独の高校生活

実を言うと、高校時代の私に対するいじめがきっかけで、「障害」者としての自分に目覚めるようになったのでした。

高校に入って、周囲は受験からの解放感からか、はたまた校内暴力がひどい時期だったせいか、私を執拗《しつよう》にいじめてくるようになりました。いきなり水をかけられたり、タバコの火をつけられたりという具合に、ひどいいじめを受けました。いじめられた理由を探ると、私の「障害」をけなしたものが多かったのです。教師も見て見ぬふりをしていたことが、しばしばでした。当時をふりかえると、学校として私ときちんと向き合い、置かれた状況・課題について一緒に考えてほしかったと思います。

　このような高校生活のなかから、「これが今の社会の現状ではないか」と思うようになり、千葉市のSさんの家や松戸市の障害者通所施設・喜楽家《きらくのいえ》に行き始めました。全障連《ぜんしょうれん》（全国障害者解放運動連絡会議）運動を知ったのはこのころです。ある日、喜楽家に出入りしていた学生に誘われて、当時、東京足立区で転校運動をしていた金井康治君の集会に行き、衝撃《しょうげき》を受けました。

「なんで普通学校に行きたいと言っているのに行けないのか？　当たり前のことなのに」

　何度か参加しているうちに、部落解放同盟《ぶらくかいほうどうめい》足立支部のYさん、Fさん、東大の学生だった斎藤龍一郎さん、荒川九中夜間中学の高野雅夫さんと知り合いました。足立支部こども会にも、時々顔を出していました。

　そして「自分は何者なんだ？」と自問するようになり、「普通じゃないんだ」「自分もやはり、『障害』者だ。『障害』を持って何が悪い」と自覚するようになってきました。私は教師に対して、「今の社会は健常者中心の社会である。『障害』者は健常者に合わせるべきだという考えはおかしいのではないか」と、たずねたことがありました。教師は「おかしくない。そんなことばかり言っていないで、勉強したらどうなんだ」と言って、まともに受け止めてくれませんでした。

　結局、高校時代は「障害」がだんだん重度化していく中で、「孤独《こどく》」と「放置《ほうち》」の生活でした。親しい友達もなく、いじめられ、教師からは「お前は体では負ける。だから勉強しろ」と言われっぱなしでした。また、進路指導では「就職は面倒見ない。進学なら面倒見る」と言われ、その当時は勉強ばかりしていました。何人か私の話を聞いてくれる教師はいましたが、様子《ようす》見《み》ばかりで何も対応しようとせず、私一人だけでは、どうしようもなかったので、半ばあきらめている状態でした。

後日談《ごじつだん》になりますが、千葉県人権啓発《けいはつ》センターの研究集会で、この何人かの教師のうち一人に偶然会ったことがあります。「あのころは、校内暴力などの対応で手が回らなかった。もうしわけない」と頭を下げられました。しかし、私は、実情をわかってはいましたが、やはり悔しい思いだけが残りました。

障害者差別を自覚する

こうして、東洋《とうよう》大学に進学し、ある日、このことを部落解放研究会の先輩であるMさんに話してみました。「お前、それって差別じゃねえか」と言われ、ハッと気づきました。教師は私を特別扱いし、勉強のみに集中させ、人間関係をつくる機会を与えず「孤独」を強《し》い、いじめられても何ら対応せず、激励《げきれい》のみで「放置」していたのです。

現在、息子Mや特別扱いされずに普通学校の中で育ってきた「障害」者が友達をつくっていくのを見て、なぜ自分だけが寂しい高校生活を送らなければならなかったのかと思います。「孤独」と「放置」は何も学校に限ったことではありません。社会全体にまん延している差別なのです。いじめてきた側にも確かに問題はありますが、これは無知・無理解ゆえのものです。むしろ、人権教育を積極的に実施して学校全体で考えてほしかったのです。

大学では、私自身のコミュニケーション保障のため、手話《しゅわ》を習得しようと手話サークルに入りました。学内にもさまざまな「障害」学生が学んでいることに気づき、関係を深めていきました。そして、学内の「障害」学生への情報保障活動、たとえば車イス介助・点訳（文字を点字《てんじ》にすること）・手話通訳等の保障活動に没頭していきました。

そのころ、部落解放同盟足立支部こども会との関わりの経験から学内で差別問題を考えようと思っていました。その矢先に狭山《さやま》事件（*）の学習会があり、参加しました。被差別《ひさべつ》部落の現状を知る中で、自分自身の部落についての認識を変えさせられました。部落に「障害」者が多いということも、実は根も葉もないことで、環境衛生が悪く、血縁《けつえん》結婚が多いという差別意識の上で言われてきたことでした。「無意識であったにせよ、自分も差別意識があったんだな」と感じました。

また、大学在学中から全障連の一員として「障害」者の解放運動に関わり、さまざまな運動をしてきました。

金井康治君の転校運動はもちろんのこと、地元の「障害」者と一緒に野田《のだ》事件の青山正さんとの面会で松戸拘置所《こうちしょ》に行ったことがきっかけで、野田事件の支援活動に関わり、現在もライフワークとなっています。残念ながら、警察の知的「障害」者に対する差別・偏見に満ちた見込捜査《みこみそうさ》により、「殺人犯」にでっち上げられた青山さんは、地域からの差別により千葉で生活することができず、いま大阪で暮らしています。

かずかずの社会的障壁

仕事に就きたくても、通えないために在宅を余儀なくされている「障害」者も多くいます。段差《だんさ》解消や点字ブロックの設置、エレベーター・エスカレーター設置の推進を、強く市町村に要望するところです。

職場に通うことができても、就職差別・賃金差別があります。私の場合は大学卒業から就職まで3年かかっていますが、その間、面接した企業は200社以上です。そうやって、やっと入れた企業でも、やはり賃金差別があるのです。結局のところ、多くの企業は『障害』者」を労働力として見ず、付加的《ふかてき》なものでしかないという認識で、「安い賃金でもいいんだ。文句を言うなら辞めろ」という態度です。

実は、私は大学で教職課程を取っていましたが、教員免許は持っていません。なぜだと思いますか？　高校での教育実習ができなかったからです。今だったら問題なく実習ができますが、当時は担当教員に受け入れてもらえなかったのです。

私は、これ以上就職活動をしても時間の無駄《むだ》だと考え、一か八か職業訓練校を受けることにしました。運よく合格して、1年間職業訓練を受け、その紹介で現在の会社に就職できたのでした。

そして、大学卒業後、解放同盟千葉県連にいた宮本英典さんに「学校や地域での人権教育で『障害』者差別について話してみないか」と依頼され、1988年に関宿《せきやど》高校で話をしたのが最初です。以後、会社勤務のかたわら、主に東葛《とうかつ》地区を中心に「障害」者差別についで話してきました。

話の内容として、たとえば、車イス「障害」者が街の中に出たくても、段差がいたるところにあり、交通機関が利用しやすいようになっていないという現実。そのため「障害」者は行動の自由が奪われ、在宅という「孤独」を強いられ、「放置」されている問題について話しています。

生徒の感想文から「家族に『障害』者がいて嫌《いや》だったけど、講演を聞いて何でもないことに気づいた」などの反応がある一方で、親や兄弟に「障害」があっても、言えない生徒もいるだろうと思いました。

ところで、電車の中で、「障害」者や高齢者に席をゆずろうとする人が何人いると思いますか。私の経験では百人中一、二人です。「自分さえよければいい、他人がどうなろうと知ったことではない」と思っている人は多いと思います。これでは困るのです。自分たちがふだん何とも思っていないことでも、「障害」者にとっては使いづらいことに気づいてほしいのです。障害者を自分と関係ないものとして眺めるのではなく、どのように「障害」者と関わっていったらいいのかを共に考えてほしいと思います。

地域社会での「障害」者は、ひどい境遇にあります。施設や家の中に閉じ込められ社会に出ることすらできない者、「障害」児殺しや親子心中によって、地域社会から見えないところで命を断たれた者も数多いのです。また、何か事件が起きると、「犯人」にデッチ上げられて、獄中《ごくちゅう》に閉じ込められることさえあります。これらはみな、「障害」者は「あってはならない者」「社会にとってじゃまな者」とする、いわゆる優生思想にもとづくものです。

私は結局、健常者に負けないための教育を強いられてきたのです。しかし、これは多様性を認めない社会が生み出したものであり、社会がつくった〝枠〟に「障害」者をあてはめようとするものです。そして、枠からあぶれた「障害」者は一人の人間として認められないのです。

「障害」者が高校に行けば、確かにいじめはあります。そのこと自体が問題ではなく、教師の側の対応のしかたに大きな課題があると言わざるをえません。

定員内不合格を出している高校がまだまだ多くある中で、「障害」者、とりわけ知的「障害」者の高校進学はきびしいのが実情です。いったん受け入れた高校が今後も受け入れを継続するように働きかけを行うとともに、新しく受け入れてくれる高校を開拓していかねばなりません。近くの地域の高校には入れず、遠くの定員割れの高校に通わなければならない現実がありま す。希望した高校に入れるようにするためにも、今後も運動を推し進めていきたいと思います。

私と息子の障害と将来

現在、私の生活が成り立っているのは、親の協力が大きいです。まがりなりにも私を社会に出て生活できるように育ててくれ、今また息子Mの育児をフォローしてもらっています。母には「過去のことより今後のことを考えろ」と言われます。このことにはとても感謝しています。両親とも高齢ですが、まだまだ元気で、当面は大丈夫でしょう。しかしながら、親なき後のことも考えると、いずれヘルパー等を使うことになると思います。

元妻とは事情により離婚しましたが、Mを授かったことはうれしかったと同時に、「障害」の有無に関係なく育てていく義務があります。M自身は、私と違って、同世代の同じような「障害」を持つ友だちと過ごすことがあるため、自分の「障害」に気づき始めているようで、「僕はキレやすい」とよく言っています。私が「キレないようにしようね」「自分が落ちつくことでもやれば」と言うと、「うん、わかった」と返してきます。私の「障害」について、以前は「パパ、何もできないじゃん」とか言っていましたが、最近は「パパの『障害』って何なの?」と聞いてくるようになってきました。

それに対して「Mがキレやすいのと同じように、パは足と耳が悪いんだ」と答えています。確かにキレると手に負えないほどになりますが、しばらく放っておくと落ちついてくるので、できるだけキレさせないようにしています。私はMに社会の一員として生活できるようになってほしいと思っています。また、Mが中学・高校と進んでいくことで、共に人権を学んでいけたらとも考えています。今後、Mがどう成長していくのか見守りたいと思います。

息子Mの教育は大きな課題です。彼は就学前検診で特別支援学校を勧められることなく、私と同じ小学校に入学しました。ふだんは普通学級に通っていますが、週一回、特別支援学級に通級しています。

　中学については、普通学級担任は「M君なら普通中学でも大丈夫ですよ」と言うのに対し、特別支援学級担任は「特別支援学級のほうがいいですよ」と言われています。M自身はクラスの人気者だということもあり、「みんなといっしょに学校に行きたい」と言っています。私としては、障害のある者とない者とが共に学ぶインクルーシブ教育を推進する立場から、あくまで普通中学へ行かせたいと思います。

　Mが普通学級で学んでいくためには、周囲のサポートが今後、不可欠になってくると思います。私と同じような被差別《ひさべつ》体験はさせたくありません。どういうサポート体制が可能か、見きわめながら取り組んでいきたいと思います。

　私は、Mや自分の「障害」を周囲に理解させていくためには、社会とりわけ学校側に問題意識を持ってもらえるかどうかが重要と考えています。そのためには人権教育研修は有効であると考えています。これを全国に広めて、「障害の社会モデルからの視点」を訴えていかねばなりません。

　まだまだ「『障害』者は一人前にできないのだから、差別されて当然。人権なんかない」という考えが根強くある中で、「『障害』があっても人権は守られるべきだ」ということを訴えていかねばなりません。

共に考えていきましょう。

＊狭山事件とは、1963年に埼玉県狭山市で起きた強《ごう》盗強姦殺人《とうごうかんさつじん》事件。被差別部落出身の当時24歳の青年（石川一雄《いしかわかずお》さん）が逮捕《たいほ》・起訴《きそ》され、最終的に無期懲役《むきちょうえき》となった。石川さんは1994年に仮釈放《かりしゃくほう》されたあとも現在にいたるまで冤罪《えんざい》を訴えており、再審《さいしん》請求中。

難病・重度障害と生きる

1型糖尿病と生きる

西田えみ子●にしだ えみこ

5歳で〝糖尿病〟

1971年に私は、銀行員だった両親の長女として生まれ、新潟《にいがた》県の城下町《じょうかまち》で育った。実家では脳溢血《のういっけつ》の後遺症《こういしょう》で寝たきりの祖父、小児《しょうに》マヒで足が動かない無職の叔母《おば》と一緒に暮らしていた。と書くと、大変な家庭だったと思われるかもしれないが、苦しいことをかかえながらも笑いが絶えない、明るい家庭だった。

1976年、私が幼稚園《ようちえん》の時、祖父が亡くなり、母は私の弟を妊娠中で、私は水疱瘡《みずぼうそう》になった。皮膚《ひふ》の状態を見た母が「治ったかな、もう少しかな」と思ったころから、グダグダと「眠い」「のど渇いた」と訴えるようになったそうで、たくさん水を飲んで、頻繁《ひんぱん》にトイレへ行くようになった。ある日、新聞で「小児糖尿病《しょうにとうにょうびょう》」の記事を読んだ母は、症状がピッタリ当てはまった私を病院へ連れて行った。

私は「小児糖尿病」と診断され、その日から入院した。母は医師から「一生、毎日インスリンを打たないといけない」「注射しなければ2~3日で死ぬ」「20歳まで生きられないかもしれない」と言われた。

日本では当時、在宅自己注射が違法で、医師や親は法を犯して私に在宅で注射を打ってくれた。当時の死亡率はイスラエルやイギリス、アメリカ等の諸外国と比較して日本は10倍以上、突出して高かったことがわかっているが、これは病気のせいではなく、在宅自己注射が違法だったせいだ。日本では多くの子どもが注射を打てずに亡くなった。

70年代の「小児糖尿病」という病名は、その後「1《いち》型《がた》糖尿病」、「インスリン依存型《いぞんがた》糖尿病」と変わった。

２０１７年現在の保険病名は「1型《いちがた》糖尿病」だ。

1型糖尿病とは

1型糖尿病は、主に自己免疫の誤作動で、すい臓《ぞう》のβ《ベータ》細胞《さいぼう》が破壊される。インスリン製剤を毎日数回、または、インスリンポンプで常時注入しなければ、1日から数日で死亡する。発病年齢は0歳から80歳以上と幅広く、全体の約半数が14歳以下で発病すると言われている。脳死移植や生体間移植など、移植の研究が進められているが、今の時点で予防や完治《かんち》の方法はない。

β細胞が破壊されてインスリンの分泌《ぶんぴつ》が枯渇《こかつ》するまでの期間は個人差が大きく、数週間から数年の幅がある。わずかでも分泌が残っていれば血糖値《けっとうち》はコントロールしやすいと言われているが、インスリン製剤を打たなければ、数日で死亡することが共通している。低血糖昏睡《ていけっとうこんすい》や高血糖昏睡を一度も経験しないで暮らせる人がいる一方、頻繁に昏睡して生活がままならない人もいるなど、血糖値の状態にも幅広い個人差がある。

小児慢性特定疾患《しょうにまんせいとくていしっかん》の一つだが、成人後は公的支援がなく、毎月約1万~3万円の自己負担がある（注射かインスリンポンプか、治療方法によって違う）。普通の人のセーフティネットである水道は整備されているが、私たちは病院代が払えなければ水道が止まる前に死ぬ。生きるために最低限必要な物を得ることのハードルが高く、大きな負担になっている。

80年代に、在宅自己注射はようやく合法になったが、本人か家族にしか認められていない。ヘルパーさんに打ってもらうことも、未だにグレーゾーンのまま放置されている。

1型糖尿病の社会的障壁

世間では「糖尿病」について、生活習慣が原因で発病する自堕落《じだらく》な、自己責任の贅沢《ぜいたく》病という思い込みがある。病気のことを話すと、初対面の人（特に高齢者）から「贅沢したんでしょう」「食べ過ぎたんでしょう」といきなり怒られることが何度もあった。面と向かって批難しなくても、私が食べる物をいちいち「食べていいの？」「飲んでいいの？」と監視する「取り締まり」は今もある。

私の食生活は主治医に相談しながら自分で決めてい

るので、他人から無責任にとやかく言われるとストレスになるが、怒りをグッと我慢して説明しても、言い訳としか聞いてもらえず、「でも、食べ過ぎると具合悪くなるんでしょう?」などと言われる。逆に、砂糖たっぷりの甘い物（しかも栄養成分表示がない）を実験みたいに食べさせようとする人までいて反吐《へど》が出る。

毎日、命がけでインスリン量や栄養を計算して、倒れないように生きていることが理解されない、偏見に満ちた環境の気もち悪さは、私にとって社会的障壁《しょうへき》だ。その場をスルーしたとしても、国や学会が「生活習慣病」という概念をつくり、本来、生活習慣とは無関係に発病する1型糖尿病のニーズを無視してきたことには大きな憤《いきどお》りを感じ続けている。

「インスリン製剤を打てなければ1日から数日で死ぬのに、毎月数万円の医療費が一生かかる」この大変さは国会で審議されたことがある。２０１４年4月の第１８６回国会厚生労働委員会では、「インスリンポンプを人工透析《じんこうとうせき》と同じ位置づけで支援できないか」（高橋ちづ子議員）、「インスリン注射を止めたら本当に生命にかかわる、こういうものについてとりわけ優先順位を上げるとか、そういう要素も加味していかなければならないんじゃないか」（重徳和彦《しげとくかずひこ》議員）などの意見、質問が出された。これに対し田村憲久《たむらのりひさ》厚生労働大臣は、「薬がなければ死ぬというのはどの病気も同じ。糖尿病といえばまずは予防だ」などと答弁した。

1日から数日で死ぬという緊急性や、「絶対に死ぬ」ということが理解されていないと思った。私たちの1型糖尿病は、いつも一般的によく知られている2型糖尿病と混同されて、「糖尿病」への偏見が大きな壁になる。

努力しても一生治らない

子どものころの私は、病気をもちながら幸せに生きる姿を想像できず、家族は「病気を治す」で一致団結《いっちだんけつ》していた。誰よりも健康を気づかって最大限の努力をしても治らず、小学校のころ、両親は民間療法を頼った。

午前3時に車に乗せられ、2時間くらいかけて宗教施設へ行き、整体みたいなことをされて祈り、親はお布施《ふせ》を払い、また2時間かけて自宅へ戻り、学校へ行った。教祖《きょうそ》から「もう注射は打たなくていい」と言われて注射を中断した。1日で具合が悪くなり再開した。

あれだけ苦労して通って祈って治らないのは詐欺《さぎ》で、殺人行為とも思うが、当時は真剣だった。生まれたときから病気の姉がいた弟は、40歳を超えた今でも神社でつい「姉ちゃんの病気が治りますように」と祈るクセがあるそうだ。確かに家族全員で治したいと願っていた。生活があまりに大変で、将来の見通しがなかったからだ。きっと同じ気持ちで宗教にすがるのだろう。民間療法を信じて注射を取り上げられ、殺されてしまう子どもは、今でもあとを断たない。

小学校入学前には、普通学校か養護《ようご》学校かの選択肢があった。親は学校と相談し、普通学校へ入学した。

現在、1型糖尿病には食事制限がなく、他の人と同じ物を食べることが当たり前になったが、当時は1型糖尿病も2型糖尿病と同じ食事制限があり、私だけ給食を断って母のつくった弁当を持参した。同じ時代に発症した人は、10年以上退院できなかったり、養護施設へ入れられたこともあったそうで、私は恵まれた環境にいたと思う。

けれど当時の私は勉強に意味を見出せず、家族に迷惑をかけながら健常者《けんじょうしゃ》のふりをする生活に不条理《ふじょうり》を感じ、死ぬことばかり考えていた。

何時に注射を何単位打ったか、食事はどのくらい食べたか、隠れ食いをしていないか、トイレの回数は多いか少ないか、尿《にょう》は何色か、どのくらい運動したか、などなど、「あなたのため」という名目で、毎日の生活を管理、監視された。親も医療に脅《おど》されていたのだと思うし、世間では「糖尿病」は贅沢病などと言われていたので必死だったのだろう。

けれど当時の医療は私にとって明らかに間違っていて、間違った形に親や医師から無理やりはめ込まれたことは虐待《ぎゃくたい》だったと思う。さらに、何よりも、成人後は公的支援が途絶えるという制度には、国、社会に見捨てられるという思いが募った。

家出して東京へ～就職と退職

意味を見出せないまま進学した高校1年、15歳のころ、飛び降りて死のうと思い、夜中に裏階段からジャスコ（大型スーパー）の屋上へ登っていた。何度か繰り返すうちに、町の夜景に慰められている自分に気がついた。家族や友だちが寝静まった夜中でも、ポツリポツリと誰かが起きていて、一生懸命頑張っている。孤独ではないという思いに変わった。20歳まで生きられない、どうせ死ぬなら好きなことをやろうと思い直し、夜景で輝く東京へ家出した。

年齢をごまかして寮に入り働いた。

給料日1週間前に、インスリン製剤が残り3日分くらいになった。病院代は小児慢性特定疾患で自己負担は無料だったが、念のため近くの病院へ問い合わせたら、手続きに1か月かかる、手続きが済むまで2万円近くかかることがわかった。手もちのお金は7千~8千円だった。

「1週間くらい何とかなるだろう」と、インスリンを節約して、すぐに具合が悪くなり、二日目に意識がなくなりICU《アイシーユー》（集中治療室）へ運ばれた。保険証から身元がわかり、親へ連絡された。１００万円以上お金がかかって、親をはじめ、みなさんに迷惑をかけた。

地元に戻って復学したが、結局1年で退学した。

衣料品店でのアルバイトはやりがいを感じて生きる喜びを知った。けれど食事時間が不規則で、何度か低血糖昏睡を起こし、主治医には事務職を勧められた。事務は苦手だし興味もなかった。何も魅力を感じない仕事でも、倒れずにお金を稼ぐにはそれしかないのか。悩んだ末、東京へ出てきて事務職を探した。

当時はバブル期で求人はたくさんあった。履歴書《りれきしょ》には健康状態を書く欄があり、定期通院も必要なので病気をオープンにして応募したが、なかなか採用されず、病気を隠してようやく就職した。けれど無理しすぎて半年後に入院。退職して、アパートを引き払った。

当時の主治医は優生思想《ゆうせいしそう》のもち主だったのだろう。私は「子どもは産めない、妊娠したら流産する薬を出す」とも言われていた。病院で絶望しながら20歳の誕生日を迎えた。泣いてばかりの私を、友だちは「わかってくれる人はいる」と励ましてくれたが、気休めにしか聞こえなかった。

1型糖尿病への差別

最近は1型糖尿病という病名がだいぶ知られてきて、インスリンポンプ（インスリンを皮下に持続的に注入する治療法のための携帯型インスリン注入ポンプ）やカーボンカウンティング（食事中の炭水化物（糖質＝カーボンハイトレード）量を把握して食後の血糖値を調整する方法）も身近になった。医療費負担は他の人より大きいが、サポートがあれば出産、子育てもできるようになった。けれど、もし私が今20歳だったら絶望していないか、と考えると自信はない。公的なサポートがない状況は当時と同じだからだ。

２０１５年、近畿《きんき》の患者・家族会の調査で、６歳以下で1型糖尿病を発病した人のうち約4分の1が幼稚園を入園拒否された、または、不快な対応をされた経験があることが報道された。「今までそういう子どもはいないから」「常勤の看護師がいないから」などが入園拒否の理由だ。

「何かあったら困るから」という理由で、小学校の行事に参加させてもらえない、親がつきそいを強要されるという話は、東京でも聞いている。私が30年以上前に経験した差別が、現在も変わらずに起きている。

病気を隠して就職する人も多いという。面接で病名を伝えると「気の毒だけど慈善《じぜん》事業じゃないから」「治ったら来てください」などと言われたり、採用されても「食べていいの？」「そんな物を食べるから糖尿病になるんだ」などの糖尿ポリスにウザったく取り締まられるので、最初は隠したほうが楽なのだ。

いま、若い人の非正規雇用は4割を超えているそうだが、月15万円くらいの手取りから医療費3万円は払えない。インスリンポンプをあきらめたり測定を制限せざるを得ない深刻な状況は、容易に想像できる。こういう状況にいる人が公的なサービスを受けるには、合併症《がっぺいしょう》が進んで人工透析を受けるか、失明するしかないのが現状だ。

1型糖尿病の混合診療被害

今年の年末年始は、長年の患者仲間から「病院が必要十分な血糖測定紙を支給してくれない。不当な上限を設けられて足りない分を自費で買わされる」、「必要十分量を支給してくれる県外の病院へ通院していたが、家族が高齢になりこれ以上通院できない。自宅に近い病院へ転院したいが、病院が赤字になるので資材は十分に出せないと言われた」、「20歳から20年近く受給していた障害年金が不支給になった」などの切実な悩みが複数寄せられた。

　病院が資材に上限を設けて、足りない分を自費で買わせることは不正な「混合診療《こんごうしんりょう》」だ。保険点数上では必要量の多さ少なさにかかわらず、その人にとって必要十分量が支給されるよう「まるめ」で設定されている。病院はそれを無視して個人あたりの儲《もう》けを考えるので、資材が多く必要な人ほど病院にとって「赤字」になる。

　不正な混合診療を厚生局《こうせいきょく》から指導してもらおうとしても「必要量は医師が決めることだからこちらからは言えない」と言われ、主治医へ相談すると「私の口からは言えない。医事課へ相談して」と言われ、病院の医事課へ相談すると「赤字になるから支給できない」と言われる。出口のない迷路だ。

　私も過去にこの被害にあい、測定を制限して、無自《むじ》覚性《かくせい》低血糖で頻繁に昏睡した。当事者団体からの助言で何とか脱出できたが、そのころ、低血糖昏睡による交通事故が社会問題化した。

　その後、血糖測定紙の保険点数が上がり、不正な混合診療問題は下火《したび》になったと思っていたが、思い込みだった。問題は何も解消されず、制度は何も変わらず、個人、特に大変な病態の人へ負担がかかり続けている。

最近の生活

　現在、同じ病気をもつ夫と二人暮らしをしている。1型糖尿病関係の医療費は、二人合わせて毎月5万円以上の自己負担がかかり、歯医者や眼科など、他の科にかかれば6万円ほどかかる。最近、24時間測定できる機械が自費（国が保険適用を検討する前に、届出を出した医療機関だけとりあつかえる暫定的な混合診療）で購入できるようになり、これを使うとさらに一人月1万8000円かかる。

　私にとって、インスリンポンプなどの資材は生きるために欠かせない、社会参加という点では肢体《したい》障害の車イスや呼吸器などと同じだ。ところが1型糖尿病は身体障害や指定難病に認定されず、公的支援が何もなく、家計はギリギリ。子どもはあきらめた。

　私は、障害当事者相談員として、障害差別を被った人からのご相談を受ける仕事を、非常勤でしている。

個人に押しつけられていた「障害」がなくなり、環境が変わり、ご本人が少しでも楽になる。その瞬間に立ち会えることは大きな喜びだが、たった週1〜2日の仕事でも体力が追いつかず、休日はほとんど寝ている。常勤で働く夫の休日は、私より寝たきりだ。食事は出前やネット通販でまかない、掃除はできない。医療費が公費で保障されたり、居宅介護を受けられたなら、私も週5日働けるかもしれない。もしそうなったら、1型糖尿病など治らない病気をもつ人の権利回復、個人に過度な負担を押しつけられない、普通に生活するためのお手伝いをしたい。

福祉施策へ望むこと

私たちに絶対必要なものが、なぜ国に理解されないのだろうか、今も謎だ。指定難病の検討会。国からは「医学的な基準はあるけれど客観な診断基準がない」と言われた。

もし、世の中全員が1型糖尿病だったら、水道より先にインスリン製剤の供給が整っているだろう。噴水《ふんすい》から噴《ふ》き出るインスリン製剤、とまでは言わなくても、自販機やコンビニで売られるくらいになっているはずだ。現実は、インスリン製剤は、殺人事件、心中《しんじゅう》事件などで使われることがあるせいか、劇薬《げきやく》指定になっていて、毎月高い医療費を払って医療機関にかからないと入手できない。

福祉政策には、β細胞が欠損した1型糖尿病の緊急度、ニーズを共有してほしいし、特に福祉サービスのメニューにインスリン製剤、インスリンポンプや血糖測定器具が追加されることを望む。「人間は息を吸えなければすぐ死ぬ」という理解と同様に、「人間はインスリンがなければすぐ死ぬ」ということを理解してほしい。人工呼吸器や人工透析、ペースメーカーなどと同じ位置付けで、「ニーズ」を中心に政策を組み立ててほしいと思っている。

相模原《さがみはら》事件のあと、私は国の福祉施策への怒りをさらに感じた。

自分が「幸せか、不幸せか」、環境によって変わることは確かだ。治らない病気・障害をもちながら幸せに暮らすためには、環境の影響が大きい。そのことを理解した上で、日本は障害者権利条約を批准《ひじゅん》したと思っていたが、障害を個人の責任とする思想は根強く、社会モデルはまだまだ浸透していない。少なくともU被告の思想には、社会モデルのしゃの字も見当たらない。これはU被告のせいではなく、国が医学モデル(個人モデル)に固執しているからだと思う。

たまたま健康に生まれた国会議員が、「健康ゴールド免許」という、早い段階から保健指導を受けて健康維持に取り組んできた人が病気になった場合は、自己負担を低くするというシステムを提案した。健康は自分でコントロールするという傲慢《ごうまん》な発想なのだろう。丈夫な人の何倍も努力して生きている人を無視して社会システムから排除しようとする国の姿勢がある限り、相模原事件はなくならない。

いちばん儲けるのは外資の掛け捨て保険会社だ。これまで書いたように、混合診療被害は解決の仕組みが機能していない。不正を固定したまま自由(自費)診療が広がれば、必要な医療が受けられなくなる。最近、アメリカ型の保険商品が、津波のように日本へおし寄せているように思われる。1型糖尿病のニーズを保障する制度がない中では、恐怖しか感じない。

どういう病気・障害があっても社会へ参加する機会の保障をめざして「骨格提言《こっかくていげん》」(＊139ページ参照)が提案された。しかし、具体的な方法が盛り込まれている大切な提言が、ないがしろにされて現在に至っている。制度、環境が変われば障壁がなくなるという理念のもと、骨格提言の実現に向けてみなさんと生き続けたい。

家族や仲間のなかで、私は私らしく生きる

安平有希●やすひら　ゆき

私の障害

私は今年36歳になる女性です。1981年に母の実家がある宮城《みやぎ》県の都会で、未熟児《みじゅくじ》で生まれました。1か月間、保育器に入ってはいましたが、元気な子として普通に退院しました。その後すぐ、父の待つ茨城《いばらき》県の家に帰り、そこで育ちました。家族は研究者の父と専業主婦の母と一人っ子の私の3人家族です。

中学高校の時は、気管支喘息《きかんしぜんそく》で入退院を繰り返していました。その薬の副作用《ふくさよう》で大腿骨無菌性骨壊死《だいたいこつむきんせいこつえし》になり、車イスの生活になりました。

今の進行性《しんこうせい》希《き》少難病《しょうなんびょう》になったのは2000年、高校3年生の11月ころでした。年明けには救急病院から大学病院に転院して、「Progressive Encephalomyelitis with Rigidity（略称P.E.R.正式な日本語名なし）」の診断がつきました。当時、世界でも600例しかない難病と言われ、治療法もなく、予後《よご》のわからない病気と宣告されました。

咽喉《いんこう》の筋肉が気管に張りついてしまうため、呼吸が難しく、すぐに気管切開をしました。そうして突然、私は両上肢《じょうし》障害1級、両下肢《かし》障害1級、体幹《たいかん》障害1級、言語障害3級の重度障害者になったのです。

最初はスピーチカニューレを使っていたので、コミュニケーションにはあまり困りませんでした。

排尿《はいにょう》障害が見られたため、翌年、膀胱瘻《ぼうこうろう》を増設しました。膀胱瘻を増設した直後は膀胱結石《けっせき》に悩まされ、毎日、膀胱洗浄《せんじょう》をしていたにもかかわらず、膀胱結石除去《じょきょ》手術を2回行いましたが、膀胱洗浄を止めたら膀胱結石に悩まされなくなりました。その後は、2

００４年には高カロリー輸液のためにＣＶポート（皮下埋め込み型中心静脈《じょうみゃく》ポート）も増設しましたが、１年半で敗血症《はいけつしょう》になり緊急摘出手術を行い、２００５年に胃瘻《いろう》を増設しました。

一時期は誤嚥性肺炎《ごえんせいはいえん》になり完全経管《けいかん》栄養になりましたが、母の努力の甲斐《かい》があり、約１年半かかったものの、経口《けいこう》で食事が摂れるようになりました（水分まで完全に摂取できるようになったのは約2年後）。今は意識がない時と投薬の時だけ胃瘻を使っています。

しかしその後、呼吸機能が弱ってきて、２００６年にＢＩＰＡＰ（呼吸の補助を行う器具）を使用し始めましたが、２００７年、呼吸不全により呼吸器をつけるようになり、呼吸機能障害１級になりました。今は苦しくてスピーチカニューレが使えないため、声は口に空気をためて破裂音《はれつおん》を中心にしてコミュニケーションを取っていますが、かすかな声にしかならないため慣れている人でないと聞き取りにくいのが現状です。

それからも薬の副作用により、両目とも白内障《はくないしょう》になり、２００９年に手術はしたものの、視覚障害４級が残りました。また、病気の影響で突発性難聴《とっぱつせいなんちょう》になり、左耳が失聴、右耳も難聴になり、聴覚障害４級になりました。

昨年には２型糖尿病《にがたとうにょうびょう》になり、現在はインスリンの自己注射も行っています。

現在、上肢は認知神経リハビリテーションのおかげで少しは動くようになりましたが、食事は相変わらず全介助、排泄《はいせつ》もベッド上での生活です。

車イスは、ティルト・リクライニング式（ティルト式（座面と背もたれの角度を一定のまま、座面ごと倒せる方式）とリクライニング式（背もたれを倒せる方式）が一体になった方式）の物を使っています。

学校生活

病気になる前は、小学校ではスポーツ少年団に入り、ハンドボールを6年間やっていました。また、幼《よう》稚園《ちえん》から高校3年までピアノを習い、小学校高学年では金管《きんかん》バンドでトランペットを吹き、中高では部活でバイオリンを弾いたり、いろいろな経験をしました。中高は私立の一貫校でした。文化祭実行委員を6年間やり、書記を2年、副委員長もつとめました。

しかし、喘息の入退院で高校の卒業単位数が足りず、高校との話し合いになりました。話し合いでは、校長先生からは、私立だから一人の生徒のために特別なことはできない、自分で大検《だいけん》（大学入学資格検定、現在の高卒認定試験）を取ればいいと言われました。ですが、私をよく知ってくれていた、体育科と国語科の先生方が中心となって味方になってくれ、病院からもリハビリの先生と主治医が駆けつけてくれ、高校時代がいかに大切か話してくれました。

その結果、単位制に移行し、足りない分の単位だけを自宅や保健室、入院している時は病院に先生が来てくれて取ることになりました。入院中は、レジデント（研修医）の医師の先生も勉強を見てくれました。そうして卒業に必要な単位を取っていきました。

その次は大学進学の準備を進めました。キャンパス見学に行った地元の大学で、AO入試（アドミッションズ・オフィス試験。出願者の人物像を学校側の求める学生像と照らし合わせて合否を決める入試方法）を自己《じこ》推薦《すいせん》で受けることを勧められました。そして無事、産業社会学部社会福祉学科に合格しました。

そんな矢先にP.E.R.を発症したのでした。病気が私からすべてを奪ったかのように感じました。

ですが、高校は卒業を認めてくれ、病院に学年主任と担任と友人が来てくれて1年遅れの卒業式をしてくれました。さらに、大学側もとても協力的で、当時リハビリ病院に入院中の私がどのようにして単位を取れるか考えてくれ、試験を別室で学科助手の先生と口頭筆記に変えてくれたり、得意な論文や口頭試問に変えてくれたりしました。ノートテイクも、母だけではなく、同じ講義を受けている人にボランティアを募ったりしてくれました。昼食は、友人と、大学の前の車の行き来が激しい道路を渡った向かいにあるコンビニに買いに行ったりしました。そのようにして、4年間で皆と一緒に卒業することができました。

大学の在学中に成人式を迎え、祖母が買ってくれた着物を二分式に仕立ててもらい、皆と同じ着物姿で成人式に参加することができました。

社会に出て、そして結婚へ

しかしこのあと、私の人生は大きくつまずいてしまいました。それは就職できなかったことです。障害から考えれば当然だったと思いますが、このことで私の生活に空白の時間ができてしまったのです。病院と買い物に行くくらいしかすることがなく、残りの時間はただベッドにいる日々が続きました。そのような時、市から自立支援委員を委託され、3年間、自立支援委員として毎月の会議に参加しました。

それをきっかけに、外に出て行くようになりました。病気になって初めて知ったSMAP《スマップ》のコンサートに行ったり、日韓共催のW杯（サッカーワールドカップ）の日本対ロシア戦を横浜国際競技場に観《み》に行ったり（チケットを取るのに、車イス席でも4日間母に電話し続けてもらい、やっと取れましたが…）、鹿島《かしま》アントラーズの試合を観に行ったりしました。行った先はどこもバリアフリーだったため、車イスでも困ったことはあまりありませんでした。

そのころ、知り合いからFacebook《フェイスブック》を勧められました。Facebookは私の生活を豊かにしてくれました。いろいろな人の生活を知り、同じような障害の人と情報交換をすることができました。

ある時、一人の男性から友だちリクエストがありました。正直その男性のアップする内容は私の知らない車のことばかりでしたので、承認すべきか、どうしたらいいか迷いました。でも、ハートプラスマーク（身体の内部に障害を持つことを表すマーク）が出ていたので、承認することにしました。それからです。私の記事に書き込みを頻繁にしてくれ、話が合うようになり、Facebookの中のMessenger《メッセンジャー》という機能で個人的に話すようになりました。

よく聞くと、彼は心臓《しんぞう》機能《きのう》障害1級とのことでした。しかし普段の生活に支障はないそうでした。私も自分の障害のことは全部話し、それでも意気投合《いきとうごう》した私たちは付き合うことにしました。しかし、彼は東京、私は茨城で、近いようで遠く、両親にもまだ話していなかったので会うことが困難だったこともあって、LINE《ライン》で毎晩話しをしていました。そのころには、お互いの気持ちは結婚が前提になっていました。

ある日、呼吸器の勉強会のあと、やっと彼と私と私の両親とで会うことができました。今までの経緯を話しておいた両親からは、反対はなく、交際を応援してもらえました。それからは、彼が東京から茨城まで来てくれるようになりました。ショッピングモールでウィンドウショッピングをしたり、モール内のゲームセンターでプリクラを撮ったり、UFO《ユーフォー》キャッチャーをしたりと、デートを重ねました。

一昨年、家族、友人、知人の祝福を得ながら結婚することができました。こうして彼は私の夫になりました。

現在の生活

いま、私は親元《おやもと》を離れ、夫と愛犬と3人で東京都内で暮らしています。

支給時間は重度《じゅうど》訪問介護《ほうもんかいご》で744時間（24時間×31日＝744時間から1時間（訪問看護の時間30分×2回分）引かれています。）です。おかげで夫が仕事に行っている間も含め、24時間介助に入ってもらえています。土曜日の夜だけ人がいないので、夫による家族介護になります。なぜ家族がいるのに24時間介助を得ることができたかというと、夫も睡眠《すいみん》時《じ》無《む》呼吸《こきゅう》症候《しょうこう》群《ぐん》で、夜はCPAP（空気を送り込むために鼻に装着するマスク）をつけていて、適切な睡眠時間が必要なためです。ですから夜間の夫による介助はできないと判断してもらえたのです。

また、月に約2回の訪問看護と週5回の訪問マッサージを利用しています。入浴は週1回の訪問入浴を利用しています。リハビリは、認知《にんち》神経《しんけい》リハビリテーションという特殊なリハビリで、3週間に1度、病院に通っていましたが、病院の都合でリハビリが廃止になり、現在は行っていません。

私の趣味は愛犬と遊ぶことです。「呼吸器に犬？」と思われる方もいるかも知れませんが、毛の抜けにくい犬種で、普段は私のベッドが居場所で、普通に私の身体の上にも乗っています（もっとも2・4kgだからできるのかも知れませんが…）。

ほかにもディズニーに関することが好きで、夫と介護者さんと年に1～2回ディズニーランドに行っています。ディズニーランドはバリアフリーで車イスの利用者に優しく、自分が障害者であることを忘れさせてくれる夢の国です。

音楽ではクラシックのほかにSMAPが好きで、コンサートやSMAP SHOPにも毎回行くほどだったのですが、昨年解散してしまい寂しいです。今はまだ他のグループを好きになる気は起きません。

またサッカーが好きで、実家の地元の鹿島アントラーズを20年以上、応援しています。以前は両親に、年に1~2度観戦にも連れて行ってもらっていました。今は遠くなってしまったので行けなくて残念です。

それ以外にも、夫や介護者さんが持ってきてくれるDVDの鑑賞などがとても好きです。

私の仲間は、介護者さんを派遣してくれている事務所に週1回通って会議をしているメンバーです。また、呼吸器ユーザーのグループで事務局として月1回会議をしているメンバーも大切な仲間です。直接会ってはいないけれど、FacebookやLINEでつながっている仲間もいます。

津久井やまゆり園事件

犠牲になった19人の方々のご冥福《めいふく》と、けがをなさった方々の回復を心よりお祈り申し上げます。

事件が起こった朝、私は何が起こったのかよくわかりませんでした。テレビでは障害者施設が襲われて、障害者がたくさん殺傷されたとしか報じていなかったのです。何度も聞いているうちにマスコミの報道に違《い》和感《わかん》を覚えました。「障害者」？ 一人ひとりの人間ではなく「障害者」が殺傷された？ 「私も含め、私たちは一人の人間である前に『障害者』なのか？」と。

だんだん事件の真相がわかってくると、犯人はこの施設の元職員で、「障害者」が生きる価値のない存在だから殺したと言っていることを知りました。ですが、生きる価値とは誰が決めるのでしょうか？ 自分勝手な価値観でたくさんの人を殺傷した犯人に激しい怒りを覚えました。

私は結婚するだいぶ前から、母に、自立するか、自分に合った施設を探すか、どちらかにしなさいと言われていました。それは決して私を除外するためではなく、自分たち親が死んだあとを考えての愛情ゆえでした。やまゆり園にいた人たちもきっと両親に愛されていたでしょう。19人の方々はどこにも殺される理由なんてなかったのです。

でも世間は厳しいものでした。Twitter《ツイッター》などで犯人に同調する人たちが出てきたのです。それを聞いた時、私はとても悲しかったです。「障害者」には生きている価値がないと思っている人がこんなにもいるのだと。たとえば私だったら、刃物《はもの》を使わなくても呼吸器を外せば簡単に殺せます。そう簡単に。もし通りかかった人が私を見て、この人は価値がないからこの世にいらないと思えば、私をこの世から簡単に消してしまえるのです。とても他人事とは思えなかったし、世の中が怖いとさえ思いました。

私たちは生きています。生きていることに価値があります。「障害者」ではなく一人の人間として見てください。少なくとも両親をはじめ夫や仲間は、私の存在を認め愛してくれています。

やまゆり園を建て直したところで何も変わりません。これからどうしたいのか、やまゆり園の残された人たちに聞いてみてください。皆、必死に生きています。その意思《いし》をくみ取ってください。

もう二度と同じ悲劇が繰り返されないことを切に願ってやみません。

障害のある息子と歩んだ インクルーシブ教育への道

新居大作●あらい　だいさく

事件の衝撃

２０１７年2月24日、相模原《さがみはら》殺傷事件に一つの節目《ふしめ》が訪れました。事件の容疑者《ようぎしゃ》が横浜地検《よこはまちけん》により起訴されたのです。精神鑑定《かんてい》の結果、パーソナリティー障がいだと結論づけが行われ、完全な刑事責任能力を問えるとの判断がくだされたのです。同障がいは物事の見え方や考え方、人とのかかわり方などに極端な偏りが見られる状態ですが、刑事責任能力には影響しないとされているそうです。これにより事件発生から約7か月に及ぶ捜査は終了し、舞台は裁判所へと移されます。

これから展開される裁判によって事件の全容が明らかになることを期待するとともに、強烈な差別意識を持った被告人の心の闇、いったい何がここまでの凶行《きょうこう》に走らせたのか、その背景（これまでの人生）にはいったい何が存在しているのか、注目していきたいと考えています。

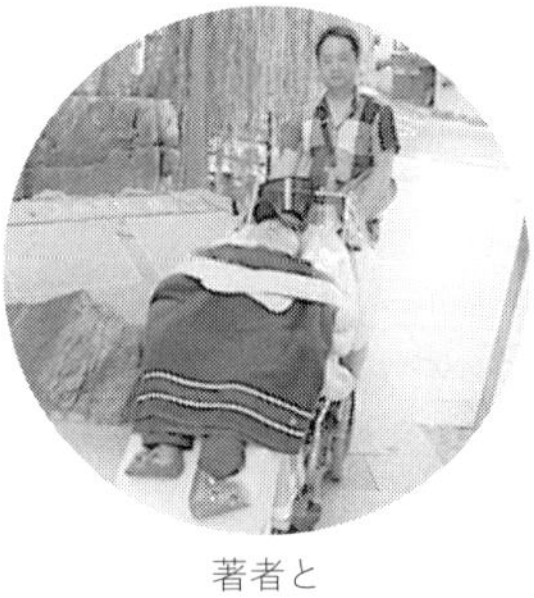

著者と
息子の優太郎さん
2017 年撮影

事件は２０１６年7月26日に発生しました。神奈川県相模原市の障がい者施設「津久井《つくい》やまゆり園」。未《み》明《めい》の凶行でした。被告人は事前に刃物、ハンマー、結《けっ》束《そく》バンドを準備し、窓を割って施設に侵入。夜勤の職員を縛り、重度障がいの入所者を聞きだし、約45分にわたって殺戮《さつりく》を繰り返したのです。

19歳から70歳の入所しておられた男女19人が死亡、24人が重軽傷。戦後まれにみる単独犯での大量殺傷事件となったのです。一夜明けて日本中に衝撃《しょうげき》が走りました。治安が安定している日本で発生したショッキングな事件を、世界も報道しました。そして、衝撃を受けた一人に、この私もいました。

事件を知り、「障がい者は周りを不幸にすることしかできない」「障がい者などいないほうが良い」という被告人の偏った言葉に触れた時、私は吐き気に似た嫌悪《けんお》を感じました。しかし、その一方で「やっぱり…」という思いもあったのです。

インクルーシブ高校教育を受ける息子

息子・新居優太郎《あらいゆうたろう》は現在、大阪府立の定時制高校に通う17歳。1999年、彼は出産時の事故によって低《てい》酸素性虚血脳症《さんそせいきょけつのうしょう》と診断され、人工呼吸器を使用することになり、重度の脳性麻痺《のうせいまひ》で四肢やコミュニケーションなどにさまざまな障がいを負ってしまいました。重度の障がいを負う彼ですが、健常者《けんじょうしゃ》の生徒たちが通う定時制高校で高校生活を楽しんでいます。

彼の高校生活を支えるには多様な介助が必要です。喀痰吸引《かくたんきゅういん》などの医療的ケアを行う看護師。車イスでの移動や食事や排せつなどを支える介助員。教職員も担任＋《プラス》学習支援員の先生などが試験のやり方について工夫してくださったり、校外学習での移動手段にリフト付きバスを手配してくださったり。また、生徒たちもクラブ活動や体育祭、校外学習など本当によく手助けしてくれています。これらの支えがあって、彼の高校での日常は充実したものになっています。健常者の生徒も、障がいを持つ生徒も、共に学び、共に育つ。インクルーシブ教育とはまさしくこういうことなのか…と、まざまざと見る思いです。

彼は言葉を発することはできませんが、毎晩、高校から、こちらが笑ってしまうくらいキラキラ顔で帰宅してきます。その顔を見るたびに、一般の高校を選択し——大変ではありましたが受験を乗りこえ——入学して良かったのだと実感します。

小学校は特別支援学校

そんな彼ですが、小学校は障がい者の特別支援学校に通学していました。当時は私たち夫婦も、重度の障がいを抱える息子は支援学校に入学するものだと、何の疑いも持っていませんでした。また、支援学校のほうが専門の教育や介助が受けられるものだと想像していたのです。

でも、現実はかなり違うものでした。人工呼吸器をつけた息子は、それを理由に通学バスに乗せてもらえず、母である妻が6年間、介護タクシーや自家用車での通学のつきそいを強いられました。かかる費用も自己負担です。学籍《がくせき》にも隔《へだ》てがあり、通学籍と訪問籍に分けられ、息子は同じ理由で訪問籍。自宅での学習がメインとなりました。

それでもやはり学校に通いたいと積極的に登校しますが、訪問籍を理由に、特別支援学校に配属されている6名の看護師からは息子には何一つ医療面での手助けを行ってもらえず、痰《たん》が噴《ふ》き出ていても、つきそっている妻へ「痰、出ていますよ」と声をかけるだけ。何のための看護師だと憤慨《ふんがい》しました。そのようなことを改善してもらいたいと学校長へ話し合いを申し出ても、多忙を理由に逃げ回り、ようやくアポイントが取れてもドタキャンをくらう始末。高学年になってもお遊戯《ゆうぎ》のような授業内容は変わらず不満はつのる一方でした。

そのようななかで出会ったのが人工呼吸器の会、バクバクの会でした。手動の人工呼吸器でもみ込むように空気を送り込むと〝バクバク〟という音がします。そこからバクバクの会（＊）の名称が来ています。会には人工呼吸器をつけながら、地域の小学校、中学校、受験をへて、普通高校に果敢《かかん》に通い続けた先輩たちが存在していました。「そうか。そんな方法があったのか」と、特に妻は感化されたようでした。

特別支援学校小学部の卒業が近づくなか、地域中学への進学の選択肢が浮上してきました。就学通知も届いています。枚方市《ひらかた》（大阪府）では、進学を控えた全員に届くようになっています。重度の障がいを抱えた息子にも。

地域の中学校を選択

特別支援学校中学部への進級か、地域の中学へチャレンジをするのか、息子はずいぶん迷いました。言葉を発することができない彼のコミュニケーションは瞬《まばた》きです。彼の意思を尊重しようと、進学について質問をすると、瞬きをしません。視線をそらしてしまいます。不安なのでしょう。それは親も同じ。

地域の中学への進学を推薦してくださった支援学校の先生や、地域での生活を試みてきたバクバクの会の先輩の優しい後押《あとお》しの言葉もあって、意思決定の締切りがせまる年の瀬になって、ようやく結論が出ました。
「地域の中学に進学する?」
瞬きがありました。その後は何度聞いても同じ答えです。この時、彼のチャレンジが始まりました。

4月。入学式。健常者の生徒たちに混じり、息子が入場してきました。この時の希望、期待、うれしさと同居する不安な気持ちは忘れることがないでしょう。

しかし、厳しさの洗礼《せんれい》は直後から始まりました。学校長からの「このような子は院内学級(病院内)にいるべき子」「普通の中学に通わせるのは親のエゴ」などという差別的発言。支援担任や介助員、配置された看護師などは、息子への関わりを制限し、無視状態。教室に連れていってもらえないこともしばしば。喀痰吸引や食事の胃瘻《いろう》への注入は「他の生徒に見せるべきものではない」と、学校内に設けられた支援教室内に閉じ込め状態。すこしの体調不良や医師でも見つけないような呼吸器の数値の変化をむりやり見つけられて、登校してすぐに帰宅を命じられたこともあります。校外学習に、リフト付きバスでみんなと一緒に行きたいと要望したときは、「校外学習なんて無理に参加しなくていいんですよ」と言われ、来たければついて来いと、介護タクシーの手配もこちら任せで費用は自己負担。などなど、妻から聞こえてくる状況は悲しいものでした。特別支援学校でもそうでしたが、やはり地域の学校においても、重度障がい者への差別は色濃く存在していました。

悩みに悩みぬいて地域の中学への進学を決意した息子。その息子が周りの教職員や介助員、看護師などから無視され、つきそいの妻と二人、ポツンと支援学級に取り残された姿を想像すると、目頭《めがしら》が熱くなりました。また、怒りがフツフツと湧いてきました。

雪解けのように

私が積極的に息子の学校生活に関わりを持つようになったのは、このころからでした。状態を改善しようと、学校長や枚方市教育委員会と何度も話し合いを重ねました。時には激しくぶつかり合うことも。支援してくだる方々の力添えもあり、当初はかたくなだった学校や枚方市にも変化が見られ、教室の授業への参加が増えていったり、強要されていた妻のつきそいが徐々になくなっていったり、雪解けを感じさせました。

その後、支援担任や介助員は転勤。学校長も定年を迎え、最終学年では完全な新体制となり、息子への学校側の関わりは本当に改善され、充実したものになりました。

ただ修学旅行の「リフト付きバスでみんなと一緒に」だけは、実現しませんでした。予算計上などの関係上、前任の学校長時代に決めなければならなかったため、くつがえすのは困難でした。

高校の受験に関しては、入学当初から普通高校への受験、進学を訴え続けてきたこともあり、学校側も受験の方向で取り組んでいただけ、瞬きによる配慮受験が実現しました。前期試験、後期試験で受験した高校は不合格でしたが、二次募集で現在の定時制高校に入学を果たすことができました。

隔離をなくすことが差別をなくすこと

特に中学時代は、重度の障がいを抱えた人工呼吸器の子を枚方市が受け入れた初めてのケースだったということもあって、学校側もかなりの不安があったのだと思います。それが差別発言や差別行為として現れました。しかしながら、お互いが話し合いを重ね、また現場も無視状態から関わりを持つようになってからは、そうした発言や行為もおさまり、息子は少しずつ学校という地域社会に溶けこんでいきました。人間は知らないもの、得体《えたい》のしれないもの、自分たちと違うものにはできれば関わりたくない、近づきたくない、と感じます。また、見下します。それが差別意識の一つではないでしょうか。

だからこそ息子が、あるいは障がいを持ったすべての人々が地域のその場に存在していることが重要で、地域社会が障がいをもった人々で溢《あふ》れかえれば、誰も差別しないということです。誰も偏見の目を持って振り返らない社会になっていくことが理想だと考えています。

しかし、今の日本の現実は隔離《かくり》にあります。隔離は差別を生みます。今回の事件を知った時に「やっぱり…」という思いがあったと書いたのは、このことからです。私は特別支援学校という隔離された社会と、地域の学校というインクルーシブされた社会の両方を、息子を通して知ることができました。

支援学校は隔離された社会で、そこには同士の安心感があるかもしれません。でも、地域社会から理解や共感を得ることは難しいかもしれません。知られざる隔絶《かくぜつ》した世界だからです。

一方、地域の学校はさまざまな軋轢《あつれき》を生みます。でも、軋轢の先には理解や共感があるかもしれません。なぜなら、受け入れる側も経験することができるからです。経験は差別を和らげます。息子と共に経験の時間を過ごした、あるいは過ごしている子どもたちは、全員ではないでしょうが、この先の人生において重度障がいを持った人々に出会ったとしても、ひるまないことでしょう。

相模原殺傷事件の被告人が、どのような少年期を送ってきたのかはは かり知れませんが、少なくとも彼の周りがインクルーシブなものであったのであれば、あのような凶行を起こさなかった可能性はあるかもしれません。経験がない被告人は「津久井やまゆり園」で初めて出会った重度障がいを抱えた人々を差別し、蔑《さげす》んだのではないでしょうか？　津久井やまゆり園も…。そして何より、隔絶した世界なのです。

被告人は隔絶した世界においての強者であり、介助がなければ何もできない彼らに対しての優越感などが彼の異常な精神性を形成したのだと考えています。また、隔絶した世界にひとかたまりで置かれた重度障がい者たちの悲劇でもあります。それぞれが地域社会での生活を実現できていれば、大量殺傷などという悲劇も防げていたのかもしれません。

私たちは地域社会の包容力を育てていかなくてはいけません。障がい者も、健常者も、当たり前に暮らしていける地域社会をつくる。そのことが相模原殺傷事件の悲劇を繰り返さないための最大の抑止力です。息子を通して、また今回の事件を受けて私が感じたことです。

最後になりましたが、相模原殺傷事件においてお亡くなりなった方々のご冥福《めいふく》を祈るとともに、心身ともに深い傷を負った方々にお見舞いを申し上げます。

＊　人工呼吸器をつけた子の親の会（バクバクの会）は、1989年5月、長期にわたり人工呼吸器をつけている子どもたちの、安全で快適な入院生活と生きる喜びを願い、淀川《よどがわ》キリスト教病院の院内家族の会として発足した。翌年、人工呼吸器をつけていてもどんな障害があっても、ひとりの人間ひとりの子どもとして社会の中で当たり前に生きるためのより良い環境づくりをめざし、全国にネットワークをひろげ、全国組織として始動。「子どもたちの命と思い」を何よりも大切にしながら、さまざまな活動に取り組んできた。発足当時は小さかった子どもたちもすでに大人になり、「本人たちの命と思い」をより大切にした活動を当事者とともに進めていくために、2015年、会の名称を「バクバクの会～人工呼吸器とともに生きる」に変更した。
2017年1月現在、全国に約500名の会員がいる。

運動のなかに光をみいだす

ひきこもりは私の畠です

加藤真規子●かとう　まきこ

私の体験

初めに、私の8年間のひきこもりについて書いておきたい。このひきこもりの体験が、その後の私の人生の畠《はたけ》になったと思うからだ。

私は14歳から「ひきこもり」をした。1970年代のことである。あのころ、なぜ、あんなに家にこもり寝てばかりいたのか、正直なところ今でもよくわからない。ひとつの原因は私の顔のことだ。私が生まれて初めて、「変な顔！」と同級生たちに囃《はや》し立てられたのは小学校1年生の時だった。一緒にいた友だちが「自分のほうこそ、変な顔じゃないの」とやり返してくれたが、私はやっとの思いで家に帰り、鏡を見た。手鏡《てかがみ》を持って三面鏡のようにして横顔も生まれて初めて見た。私は歯並びが悪く、出っ歯だった。

小学6年のころから、私はウミの混じったニキビに悩まされるようになった。中学生のころには顔全体に広がっていった。治療の効果より、ニキビの勢いのほうが強かった。休み時間に男子生徒から「汚い」「醜《みにく》い」と囃し立てられたが、私は言い返す「勇気」「元気」を失っていた。

お情けで私立の高等学校へ入れてもらったものの、登校できなかった。高等学校に進学した年の、5月の連休明けのことだ。父に「おまえは廃人《はいじん》になる」と叱られて泣き寝入りした日の翌日、とうとう両親に付き添われて東京大学附属病院小石川《こいしかわ》分院へ行った。精神科で医師と看護師と3人になり、「なぜ学校へ行かないの」「ほかに何かやりたいことあるのかな」というような質問を受けた。いかにもインテリという風貌《ふうぼう》の医師にいわれのない敵意を感じて、「返事なんかしてやるものか」と頑《かたく》なであったのは鮮明に覚えている。

その時から、私は母を罵倒《ばとう》し続けた。私の中で嵐が吹き荒れるようになった。父とは口をきかないことに決めた。仏壇《ぶつだん》を拝んで、「亡くなった人々が可哀《かわい》そうだ」と言っては泣いたものだ。私が不登校を始めた契《けい》機《き》は、明らかに姉のひとりが25歳の若さで急逝《きゅうせい》したことだった。なんだか生きている感じが薄くなっていった。どんどん病人らしくなっていき、暑い夏でも、万《まん》年床《ねんどこ》に潜り込んでトランジスタラジオで歌謡曲を聴いていた。部屋の襖《ふすま》にはすべて鍵を取り付け、家族が入ってこられないようにした。風呂にも入らず、食事は誰もいない時を見計らって、どんぶりで残りご飯をむさぼった。ブラウン管を抜かれるまで、テレビを見た。小さな刺激で切れるようになった。

こうした行動をとりながら、こころのどこかで「より病人らしく振舞うことで、病人としての覚悟《かくご》を固めていくのだ」というようなことを考えて、「しっかりしないといけない」と思っていた。

20歳になって

私が生まれ育ったのは埼玉県の飯能《はんのう》市だ。１９５４年、昭和29年生まれである。叔母《おば》が広島県在住であったこともあり、幼い時から「原爆」「被爆者《ひばくしゃ》」「原子力」に関心のある子どもだったように思う。昭和30年代の前半くらいまでは、広島・長崎の原爆、ビキニ環礁《かんしょう》での第五福竜丸《ふくりゅうまる》の被爆についての記事が、子どもが読むような科学雑誌にも取り上げられていた。幼稚園に入園する前から被爆者の写真を目にしていて、叔母から被爆者の人たちの話を聞いていた。私は成人するまで、世の中で一番怖いことは被爆することだと思っていた。

１９６３年、小学校3年生の時だった。「狭山《さやま》事件」（＊80ページ参照）が起きた。事件について、よく周囲の大人たちが「あの青年はたぶん無罪だ」と噂《うわさ》していた。「人々が学校へ行ったり、仕事に行ったりしている時間に、あの青年には一緒にいる人間がいなかった。そういう人が『お前がやったんだろう』と問い詰められると、小さい時から自分の存在を否定されていたから、自分のことを肯定的《こうていてき》に思えず、『私はやっていません』

と言えないものだ」というようなことを町の人々は言っていた。

私はずっとひきこもっていて、人間には目に見える苦悩《くのう》や課題と、目に見えない苦悩と課題とがあると考えていた。そんなふうに育ったせいか、20歳になった時には、「私は自分のことにとらわれて7年間が過ぎてしまったけれど、世の中は、私なんかよりもずっと苦しんでいる人々が大勢いて、その人々が社会の基盤をつくってくれているのではないか」と、誰かに教えられたわけではなく感じるようになっていた。

いんこ・ちび

中学3年の大晦日《おおみそか》に、池袋の西武デパートでブルーの手乗りインコを買った。箱からインコを出して、湯で温めた餌《えさ》を食べさせた。素敵《すてき》な名前をつけてやるつもりだったが、アチコチ動きまわるのを呼び戻すのに「ちびちゃん、危ないよ」と声をかけると戻ってくるので、「いんこ・ちび」と名づけた。

急に昔のことがよみがえってきて母を攻撃したり、薬をたくさんのんで眠り続けたり、昼間カーテンが開けられない私だったが、「ちび」だけは私をだれよりも頼っていた。

「ちび」は、季節の変わり目には羽が角《つの》のように固まって生え変わった。初めは気持ちが悪かったが、そのうち「生きている証拠」と、可愛くなった。無精卵《むせいらん》を産んだ時は、肛門《こうもん》が赤い風船のように何度も膨《ふく》らむので、「ちび」はこのまま破裂《はれつ》してしまうのではないかと心配だった。

獣医の増田《ますだ》先生には、「ちび」が生きていた8年間、よくお世話になったが、先生は私については何も訊《たず》ねなかった。

私の主治医は母に言ったそうだ。「娘さんは、小鳥のめんどうもよくみているようだし、アレコレやるのも、自分をなんとかしなくてはいけないと承知しているからだ。お母さんはお母さんのやりたかったことをやってごらん」と。母は習字を習い始めた。母は96歳で亡くなるまで、習字を習い続けた。

「ちび」の餌にするハコベを採りに、母と二人でよく飯能から高麗《こま》へ峠越《とうげご》えをした。私は母の42歳の時の子どもだから、母はその時すでに60代だった。

「ちび」は、私が22歳の年の11月3日に亡くなった。母が「ちびの頭みたいだから」とおむすび形の石をみつけてきて、墓標《ぼひょう》にした。姉の友人が小さな柵《さく》をつくってくれ、庭の梅の木の下で眠っている。

その1か月後、私は早稲田《わせだ》（東京都新宿区）の姉のアパートに転がり込んだ。それから、故郷の飯能に帰ることはもうなかった。翌年に東京の私立大学に進学し、就職と結婚と離婚は神奈川県だったからだ。

精神障害者ピアサポートセンターこらーる・たいとう

1998年8月1日、精神障害を主としているが、知的障害、身体障害を持っている人々と一般市民とで「精神障害者ピアサポートセンターこらーる・たいとう」を開設した。つくった動機は、顔を合わせる、草の根のピアサポートの場が私にとって必要だったからだ。

若いころは、家族会の人々に「鉄の女」とさえいわれた。15歳から23歳までひきこもりの生活を送ったが、23歳以降は人との出会いに恵まれて、行動的でパワフルに過ごしていたと思う。

42歳ころ、働き過ぎでうつ病になった。こころの振り子が止まらず、些細《ささい》な刺激で揺れ、不安感に強くとらわれ、緊張しっぱなしだった。そのころ、あたたかく受け止めてくれた人々の多くが、障害者であったり、同性愛者の人々であった。

社会的入院者とつながる

精神障害者ピアサポートセンターこらーる・たいとうは、精神障害・知的障害がある人々の地域移行・地域定着支援活動を根気よく続けることが、私たちにとって、最も重要な活動のひとつであると考えている。精神障害がある人々を精神科病院に長く置きとめた責任は、地域社会にも大いにあるのだから、精神障害がある時も地域社会で生きていくこと、暮らしていくことがあたりまえであることを、もっと広めることが私たちの課題である。

身体障害がある人々と同等の福祉サービスも、精神障害がある人々には、まだ、保障されていない。自己決定することにより修練していかなくてはならない。精神障害に関する差別や偏見を打破していくことに、なおいっそうの努力が求められている。

２００４年６月から、都内のA病院への病院訪問活動を開始した。こらーる・たいとう主催の病院訪問活動の目的は、支援の受け手であったメンバーが、語り部《かたりべ》・ガイドヘルプ・生活支援をA病院の入院者や退院者に提供することによって、マイナス体験として認識していた精神障害体験をプラス体験としてとらえなおし、人間としてリカバリーしていくことである。精神障害体験者だからこそできることを尊重してきた。

支援者という役割ではなく、障害や病を抱えながら地域社会で生活している人々が、ありのままの姿で病院を訪問し、入院者と交流することで、結果的にサポーターという役割を担う、仲間としての活動である。つまり精神障害体験者として、ありのままの姿でサポーターとなり、社会資源となりうることを示したい。こうした姿勢で病院訪問活動を続けることが、こらーる・たいとう、入院者、治療者等、関係者のそれぞれにとって、エンパワメントになっていると考える。

開始からすでに10年以上、病院訪問活動をおおむね月３回、こらーる・たいとうはコツコツと続けている。

入退院を繰り返した人々が、ずっと入院を続けてしまった人々と比較して、きわめて社会性が高いことを私たちは知った。大家さんたちの親切がいかに社会的入院者の人々の生活を下支えしていることか。入退院を繰り返してしまうのであっても、嫌がらず、帰るべき彼らの住居を守ってくれているのである。

最重度の人々すなわち筋《きん》ジストロフィーで人工呼吸器をつけているOさん、脳性《のうせい》マヒ者のTさんやYさんも病院訪問に参加してくれるようになり、この人々との出会いが、私たちや精神医療福祉分野に携わってきた人々にとってショックに近い気づきをもたらした。つまり、どんな障害や疾病《しっぺい》でも、医療や福祉や介護があれば、地域生活が可能であることを理解した。人とのつながりの中に存在していたいという人間の欲求こそが、リカバリーの源泉であり、どんなに苦悩している人であっても、他者の役に立ちたいと願っている。

ひとりの人間や小さなセルフヘルプグループや自立生活センターや地域作業所助成金とかのレベルではなく、ひとりの長期入院者とつながることがいかに大切なことかを学んだ。

人を信頼する。人に依存する。それができる人々が退院していく。病院というシステムではなく、個人に依存することができる人々が、地域生活ができるのではないだろうか。しかし、個人がみえないほうがいいという人々もいて、退院促進事業のような制度のほうが使いやすいという人々もいる。個人を信頼したり、依存するほうがいいという人もいる。

「病院開放化《かいほうか》」が提唱されていた時代、勤務中も時間外も、患者さんとかかわった医師や看護師がいた。「こんなに仕事は充実して楽しいものなのか」と働くスタッフを、患者さんは信頼し、頼った。この個人の生き方、指向性に依拠する方法は、他者に伝承《でんしょう》することが難しいという難点がある。経済的にも難しい。

また、事故を起こさないことが最重要課題になっていくと、「普通の人間関係」を指向する「開放化」は息づまる。患者さん同士で伝え合う生の情報は間違いや誤解も含んでいるが、「きれいごとは言わないだろう」というところで患者さんは信じる。

たとえば「あそこのグループホームの利用料はそんなに安いのか」、「老人ホームでもいいところもある」という感じで情報が届くと、患者さんの意思は変化する。興味や関心を強く抱くようになる。患者さんの中の競争意識が刺激されて「なに！　あの人ですら退院したのだから、負けてはいられないわ」みたいなことになると、「私も退院しなきゃあ」と、退院が他人事《たにんごと》ではなくなる。

病院で年をとり70歳代になってしまった患者さんが、テレビで「元ハンセン病の人々が里帰りした」いうニュースを見ていて、突然烈火《れっか》のごとく叫んだことがあるそうだ。「私は家族のために、50年間この病院にいたんですよ！　この病院で死んだからといって、結局郷里の墓に入ったら、私の50年間は無駄《むだ》になってしまうじゃないですか！」と。現在、認知症《にんちしょう》となったその患者さんは、馴染《なじ》みのスタッフがあいさつしても、まったく反応をしめすことはないという。

今、「『重度かつ慢性』の基準で評価すると、入院患者の6割が該当する」、すなわち「入院患者の約6割が該当する『重度かつ慢性』の基準をつくる」という驚くべきことが、厚労省の「新たな地域精神保健医療体制のあり方分科会」では検討されている。私たちが病院訪問活動で出会った人々、地域移行定着支援活動でかかわった人々は、まさに長期入院の人々、入院退院を繰り返した人々であった。その人々にかかわることで多くのことを学んだのであり、その活動を原動力にして、こらーる・たいとうは当事者活動を編んできたのである。

病院調査活動に参加して
~精神科病院に隠されている日本社会の本質

2015年の初冬《しょとう》、東京の多摩《たま》地域にある退院率がきわめて低い精神科病院を訪ねて、絶望的な気持ちに襲われた。日々に必要なタオル・下着・とても簡易な洋服のセットが、レンタルで一日1500円だという。月額にすると4万5千円、まさに貧困ビジネスだ。

古いタンスの中におやつが管理されている病棟もあった。空気の流れが悪いからだろう、ひどい臭気だ。マスクをしないと、耐えられない。隔離室《かくりしつ》は狭い廊下で一般の病棟から隔てられていて、コンクリートの塊《かたまり》の中に生身の人間が閉じ込められているような印象だ。設備はひしゃげてさえいるのだ。こうした劣悪な環境の場所が、精神的な病がある人々を治療するところといえるのだろうか。

私が最も強く感じたことは、「日々、無事に過ぎていく」ことへの恐れだった。異議《いぎ》をとなえ、抵抗することがないと、こうした病院はこのまま存続していく。自分が勤務する病院を職員が批判することもなく、情報も一切入らず、面会に来る人もおらず、世話をしてくれる人々は病院の職員だけという患者さんたちが、病院に対して異議申し立てを続けることは困難だ。適応していくしかないだろう。職員は職務をこなすことに追われ、一日一日が過ぎていく。

患者さんたちは放置されているのだ。開放病棟や新築の病棟などでは、一見それは「自由」のように見えて、「のどやかで穏やかな」印象さえ与える始末である。職員も「よくないことはよく承知している」と言う。だけど、声をかけてくる患者さんへ、ていねいに「あとで」とあいさつをしてやりすごす。

売店があるので、外へ買い物に行くことはない。むしろ売店ができる前は、職員が患者さんを車でふつうに商店に買い物に連れていった。散歩といっても、山道や坂道が続いている。バスが通る公道に出ても、お金も持たず、目的も持たず、許可もなければ、バスに乗り町に出ていくことはできない。

　多くの病院が患者の金銭を管理し、管理料は一日100円から150円ほどかかる。自己管理が許される場合は、ロッカー使用料が一日100円から150円ほどかかる。金銭を管理する理由としていくつかの病院があげるのは、硬貨《こうか》を噛《か》む患者さんがいるので危険を回避《かいひ》するためというもの。おやつも栄養管理や衛生を理由に管理する。服薬《ふくやく》管理にしても、かなり評判のいい病院ですら、退院が決まってから「自己管理」に切り替えるのだ。

　精神科病院での社会的入院者の存在が問題になったのは昭和の時代からだ。「措置《そち》入院」が10年以上も続いている患者さんが大勢いた。初回入院で何十年も入院している人々も大勢いた。電気ショックについて、「自分の思考能力が壊れてしまったのは、精神病のせいではなく、電気ショックのせいだと思う」「電気ショックが怖くて離院を繰り返した」と、当事者たちは言っていた。当時はロボトミー手術（＊）の傷あとを額《ひたい》に残している患者さんもいた。開放病棟に移すために優生保護法《ゆうせいほごほう》（当時）の強制不妊手術をされた患者さんもいた。

　私も昭和40年代、一時、精神科病院の患者であった。私が精神障害や食事や団欒《だんらん》にこだわるのも、この体験からだ。

　高齢になった患者さんは病院で亡くなっていく。大量の薬を服薬させられ、運動量は絶対的に少なく、太陽の光を浴びることもきわめて少ない。しかも環境が不衛生なので、ノロウイルスやインフルエンザなどが蔓延《まんえん》しやすい。そのうえ医療法で、精神科の患者さんは一般医療が拒否することを許されている。医療法施行規則第10条3号で、「精神病患者は精神病室に入院させること」と規定しているのである。これは憲法25条の「生存権」に抵触《ていしょく》する。

　忘れてはならないことは、戦後70年間、社会は高度経済成長をとげ、バブル崩壊《ほうかい》を経験した。そして現在、子どもの7〜8人にひとりが貧困状態にあると厚生労働省が発表している。

　日本の貧困は、人のいのちを大切にしないからではないだろうか。その象徴的な存在が精神科病院だ。この仕組みを支えるために、患者さんが拘禁《こうきん》され、人生を根こそぎに奪われてきた。さらに言えば、地域社会が患者さんを排除《はいじょ》してきたことは明白だ。このようないびつな日本社会を支えるために精神科病院という仕組みは存在し、患者さんたちが犠牲になってしまった。この構図は、医療法や精神保健福祉法等の法制度の上に成立しているのだ。

病院訪問の大きい成果のひとつは、精神科病院に勤務する人々と直接話すことができたことだ。彼らは、もちろん精神科病院は必要だと考えている。けれども精神科病院が変えなくてはならない体質も知っていた。

人手不足で外部と連携ができず、研修会にも参加しにくい。やりたい活動は実現できない。ある意味、彼らの悩みの中にこそ、変革《へんかく》の種はあるのだと思う。病院の職員は、地域の社会資源を信頼することができない。地域の社会資源といわれる場所で働く人々も、経済的にも時間的にもゆとりがない。それゆえ、なかなか両者は出会うことができない。しかし本来は、両者をつないでくれるのが、患者さんへの支援である。

尊厳あるいのちの支え合いに参加する

日本の31万床という世界一の精神科病床の多さ、社会的入院者のことが社会問題となって久しい。しかも、精神科病院に入院しているうちの1万人以上の人々が1年間に亡くなっている。精神障害や知的障害がある人々を隔離拘禁し差別的な低い基準で入院させてきたことも、地域社会にあっては数々の欠格《けっかく》条項《じょうこう》でしばりつけてきたことも、著しい人権侵害であり、憲法違反である。

豊かな社会をつくり出すために、私たちに求められることは何だろう。自由・平等・基本的人権の思想を実現することだ。そのためには、汗や恥をいっぱいかくこと、挫折《ざせつ》や失敗を恐れずにチャレンジしていく勇気が必要である。

人間としての復権には、自分のこころを受けとめ、他者とつながり、対話し、ともに歩む生き方が求められる。人間の自立には、ある意味、依存《いぞん》することも含めて、信頼し、連帯する関係性が必要だ。社会的排除は、この意味においても重大な人権侵害であることは明らかだ。誰かを排除して成立する社会は決して豊かな社会とはいえない。さまざまな人々が、排除することも排除されることもなくつながっている社会の実現こそ、私たちは願う。尊厳あるいのちを支え合う営みに参加していくことこそ、自立生活の実現ではないだろうか。

憲法があり、障害者権利条約を批准《ひじゅん》し、改正障害者基本法、差別解消法、総合支援法と国内の法制度も整えた現在、憲法や障害者権利条約が示す自由・平等・基本的人権の思想を、精神病を罹患《りかん》した人々、精神障害がある人々にこそ、享受《きょうじゅ》してほしい。

先ほどまで営んでいた日常を、なんびとにも遮断《しゃだん》されることなく、営々《えいえい》と営むことの幸福。誤っていたらやり直す謙虚さを持つこと、悩み苦しむ時の伴走者《ばんそう》。そうした生活の支えの一つひとつが他者からのエールだろう。独《ひと》りだけれど、ひとりではない。

私はルオーの『郊外のキリスト』の絵が好きだ。冬の夜、労働者が住む町の路地に、子どもに寄り添うキリストがいる。厳しい生活を暗示しているが、深い信仰が描かれていて、ある種の明るさ、あたたかさがこころに沁《し》みわたる。こうした何気《なにげ》ないものがいかに尊いか、何気ない人間関係がいかに宝物か、私は精神障害から学んだのである。

＊　ロボトミー手術とは、ポルトガルの医師アントニオ・エガス・モニスが1935年に開発した、前頭葉《ぜんとうよう》の一部もしくは全部を切除する精神科における外科手術。ロボトミー手術の開発により、モニスは1949年にノーベル生理学・医学賞が与えられた。前頭葉は大脳皮質《だいのうひしつ》の前の部分にあり、人の人格の宿るところだと考えられている。高度の思考や感情・運動・注意力などを主につかさどる。ロボトミー手術後、患者の感情は壊死《えし》したように働かなくなり、完全におとなしくなる。

1950年代に入って後遺症《こういしょう》などの欠陥が次々に指摘され、1960年代になると人権意識の高まりもあり、ほとんど行われなくなった。日本においても、1975年に、日本精神神経学会が「精神外科」を否定する決議を採択してからは、ロボトミー手術は行われていない。

わたしはわたし

山本眞理●やまもと　まり

はじめに

わたしは1953年生まれ。千葉県市川《いちかわ》市で、両親と姉、それに母方の祖母、独身の叔母《おば》（母の妹）二人、という母系家族7人の家庭で育ちました。

中学1年の時に大好きだった祖母が亡くなり、そして中3の時には仲良し三人組の友人が二人ともお父様のお仕事の都合で遠方に転居。そういうことが影響したのかどうか、中3の時からどうしようもない疲労、駅の階段すら一気に上れないような疲労を感じるようになり、登校できなくなりました。そして、高校生の17歳の時、とうとうまったく動けない状態になりました。

いま思えば単なる喪失《そうしつ》に対する反応、ゆっくりと取り組む余裕を周囲が保障してくれていたら、精神障害者にはなっていなかったのではないかと思いますが、両親にとってはとうてい許容できない事態であり、不登校（当時は登校拒否といわれた）は直ちに矯正《きょうせい》しなければならない大問題。私自身も追いつめられて死を願うしかないという状態になり、精神科医なら救ってくれると信じて、精神科医に通うようになりました。精神病院にはその年、みずから入院しました。

その後、高校を中退。20歳を過ぎてから精神科の利用をやめ、引きこもり状態、そして大検《だいけん》（大学入学資格検定、現在の高卒認定試験）を受け、1975年に22歳で、人より4年遅れて大学に入りました。

在学中に、入管関係や卒業生で母国留学して北のスパイとして逮捕された在日《ざいにち》韓国人の救援活動などに参加し、その中で徐々に私はエンパワーされました。当時は、精神障害者に対しての地域での支援など何もなかった時代ですし、いわばこうした活動を利用して、私は「社会復帰」したと言っていいと思います。

大学を卒業して就職。見事に再発しましたが、結婚し、子ども一人を育てながら職を転々とし、その後、精神障害者として年金を取るようになり、二人目の子どもが生まれてからは転居もあり、長い専業主婦生活。子どもたちの独立、離婚をへて、いま一人暮らしです。

生計は障害年金と母の残した古い小さなアパートの家賃で成り立っています。そろそろアパートの耐用《たいよう》年数も過ぎてきたので、今後の生活をどうするかが今の悩みです。

私の精神医療体験

私はみずから進んで精神科に行き、また、入院しました。精神医療を信じていたからです。たしかに、精神科に通院して「病人」となることは、学校に行くことや他の社会的義務を免責されるという利益はあります。でも実際に精神科医療を体験すると、そこにあるのはとても医療とは呼べないものでした。

通院した児童精神科の精神科医は、私を甘やかされた子どもと規定し、這《は》ってでも学校に行けと言いました。その後も、ある主治医は、私を未熟な人格であると断言しました。いったん精神科にかかれば、17、18歳でも成熟した人間でなければならないらしいです。精神科医は検察官であり、同時に裁判官であり、弁護士はどこにもいませんでした。周囲の大人は、すべて私に問題があり間違っていると指摘しました。

精神病院に入院すると、さっそく看護婦さんが病棟を案内し、壁に貼《は》ってあるスケジュール表を説明しながら、「みなさんは退院したら自主的に生活しなければならないのですから、このスケジュールを守ってください」と言うのです。ここは日本語の通じない世界らしいと、あぜんとした記憶があります。「養生《ようじょう》のためには規則正しい生活が大切ですから……」という説明ならまだわかりますが。

入院中は年上の患者さんばかりでしたから、皆さんにかわいがっていただいて、私は初めて信じてもいい大人もいるのかもと思いました。でも、医療は私をだまして電気ショックしたり、回診の時に隣のベッドの方が「先生、風邪をひいて熱があり苦しいです。助けてください」と訴えたら、「あなたはクリスチャンでしょう。死んでも復活するんでしょう」と吐き捨てるように言って通り過ぎていった病棟医長もいました。あるいは新しがり屋の医師が、イタリアのバザーリア（＊1）の病院集会を真似《まね》たのか、患者を車座《くるまざ》にすわらせて病棟集会を開いたのはともかく、ある方がいかに苦しい体験をしてきたのかを話し始めたら、突然その話を遮《さえぎ》って「それで電車に飛び込んだの!?」。満座《まんざ》の前で、です。

　医師である前に人間としておかしい人たち。それが精神科医であると、私はある意味確信しました。

　また、「眠れているから眠剤《みんざい》（睡眠剤）いりません」と言ったら、「あなたは眠れているつもりでも寝ていないのです」と言われました。「そうか、私の感覚も感情もすべて症状で、すべては医師が決める」と私は思いこんでしまいました。恐るべき洗脳《せんのう》でした。寒いか暑いか、もう一枚着るべきか否かまで、看護師さんに確認する心理状態になったこともあります。

　それでも、家族だけの暮らしの中で通院は一つの外への窓でもあり、医師を頼っている側面はありました。

　しかし、20歳ころ医療は役立たないと決断したあと、長い引きこもりと医療中断の中で、やっと私なりの道を見つけたとも言えます。もちろん、就職して再発した後は、やはり精神科に頼り、そして障害年金を取るために今も通院中ですが、薬はほとんど飲んでいない状態です。年齢《とし》とともに副作用がきつくなったこともありますが。

全国「精神病」者集団に参加して

　たしか卒業後、結婚はしていたけれど一人目の子を妊娠中で失業していたころのこと、母国留学生の救援活動のビラを持って、ある日、刑法保安処分反対の日《ひ》比谷《びや》公会堂の集会に参加しました。壇上に全国「精神病」者集団の大野萌子《おおのもえこ》さんが登場。ポニーテールを振り回しながら熱いアピールをしていました。

　私は母国留学生救援の中で、精神病院に入院歴のあることなどカミングアウトしていませんでしたので、なんともびっくり仰天。「そうか『キチガイ』としてしゃべっていいのだ、精神障害者（当時は『精神病』

者と言っていましたが）の運動体もあるんだ」と思い、さっそく全国「精神病」者集団に連絡しました。

　そして東京の小さな患者会を紹介していただいて参加したことが、私の中で革命を起こしました。ある参加者がとても怒って話をしていました。――私はそれまで精神障害者は怒ってはいけない。怒りも悲しみも喜びすら、そうした感情はすべて症状であり、感情を表せば直ちに「キチガイ」として排除《はいじょ》されると確信していたのです。もちろん、私は常に温厚な人物だったわけではないし、周囲に当たり散らしたり怒ったりもしていたけれど、常にそれは症状ではないか、やはり「キチガイ」だから怒っているのだとみずから思っていたのです。――それは他の方にとっては些細《ささい》なことでしょうが、私にとっては大革命でした。

　私の悲しみも怒りも喜びも、正しいとか間違っているという以前に、症状と決めつけられることも決めつけることも誤り。わたしはわたし。素直に思っていること感じていることを表現すればいい。とても単純なことですが、そんなことすら精神医療の中で抑圧されてきたのです。

　次第に私は、精神障害者解放運動に参加することになりました。

　１９８３年、精神衛生実態調査粉砕闘争《ふんさいとうそう》。これは完全に勝利した闘争で、厚生省（当時）の庁舎前でハンスト座り込みなども行いました。その後、宇都宮《うつのみや》病院事件暴露《ばくろ》にあたって、東京都や宇都宮病院と癒着《ゆちゃく》していた東大精神科外来や脳研究団闘争などに参加、宇都宮病院を告発し解体する会に参加。さらに精神衛生法の見直し・精神保健法成立にあたっては、精神衛生法撤廃改悪阻止《てっぱいかいあくそし》闘争に参加してきました。

　全国「精神病」者集団事務局員となり、その後、ニュース担当など続け、今は窓口として各地からの訴えを受けとめる仕事、会計、名簿管理などに携わっています。

全国「精神病」者集団の窓口として

　窓口にはさまざまな相談が寄せられます。強制入院させられたというＳＯＳ、虐待《ぎゃくたい》事件、ＤＶなどの深刻なものから、パソコンの困り事相談、食事の摂《と》り方について、薬について、などなど。深刻な相談は、近くの方なら会ってお話をうかがうことができますが、北は北海道、南は九州沖縄。そうなると、とてもお役に立てる「すぐやる課」という訳にはいきません。全国「精神病」者集団の仲間のネットワークや、いろいろなつながりをたどって、相談に乗れるかを確認してからご紹介ということになります。

ただ、直接、退院したいという訴えとつきあうと、ほんとうに勉強になります。私も期待していた障害者総合支援法の退院支援事業というのがいかに役に立たないか、少なくともアドボケイト（＊2）としてはまったく役に立たないことは、一つの体験からわかりました。数年かけてのおつきあいでしたが、本当に官僚主義的な制度、抽象化して言うと国権をもって拘禁《こうきん》された強制入院患者のアドボカシーとしては、最低限どこに誰と住むかを人権として保障するという視点が重要となり、本来ソーシャルワークは非審判《ひしんぱん》、自分の価値観でクライアントを裁いてはいけないはずですが、報酬の枠内で、しかも非難される結果をうまないために、防衛的にならざるをえない。退院支援事業所はアドボケイトに徹することは原理的に不可能です。

住民票があるところへの退院が原則、その地域の事業所以外は受けられない。どこそこにアパートを見つけてそこに住みたいという希望は、まずかなえられない。退院支援事業所は安全安心とばかりにグループホーム紹介業になってしまっていて、主治医が「住むところさえ見つかれば退院可能」と言っているのに、任意入院の閉鎖処遇という人権侵害状況下において、グループホームの空きがないからと延々と待たせる。そもそも関係者が集まる日程の調整をするだけで、拘《こう》禁《きん》が数週間、続いてしまうこともあります。

こういう退院支援事業がまかり通っています。報酬がつかない限り動けないということで、病院側が退院を認めない人については動けない実態のようです。

退院支援事業はできたけれど、あまりに報酬が安いし、そもそも相談支援という事業自体、それだけで十分採算が合うものではないという実態。とりわけ東京のように西部の多摩《たま》地域に精神病院が偏在しているところでは、東部に退院することはなかなかかなわない。

そして社会保障総体の切り捨ての中で、すでに社会的入院などというのが認められなくなったために、長期入院者の6割はその障害が「重度かつ慢性《まんせい》」である方、だから退院できないというでっちあげが行われるようになり、社会的入院という概念《がいねん》そのものが否定されることになりました。長期入院をあげて個人の病状障害を理由とするという、とんでもない概念操作《そうさ》が行われているのです。

毎年入院する方で、1年以上入院した方もその6割が「重度かつ慢性」ということで、障害福祉計画では地域支援はその4割の方を数値目標とするとされ、2025年になっても長期入院患者用の病床10万床を維持するとしています。

日本だけ、長期入院を必要とし退院できない重症患者が10万人以上発生という論外な正当化を、今後も継続していこうというのが厚生労働省および日本政府です。それでもなお、コツコツとアドボカシー活動を継続していくこと、仲間を取り戻していくことが必要だと考えはしますが。

この4月、厚生労働省は重度訪問や行動援護、同行援護が入院中から移動支援として使える、また入院中の外泊先でも使えるとしましたが、重度訪問や行動援護を使うことのできる精神障害者はむしろ例外でしょう、地域によっては可能になった地域支援事業の移動支援を入院中に使えるようにすること、そして介助者の交通費無料化が何より必要です。身体障害者と知的障害者の一部は介助者の交通費無料化が行われていますが、精神障害者は対象外で、二人分の交通費負担が必要となり、現実的には移動支援は経済的に使えない方が多いのです。そこをなんとかしないと、移動支援を入院中に使える方は例外となってしまいます。これも今後の大きな課題であり、精神病院に外の風を入れていく手段の一つとなりましょう。

今後、私がしたいこと

大量で長期の入院患者の存在は日本の精神医療の恥《ち》部《ぶ》です。おそらく諸外国では発展途上国も含め、地域で生活して治療や支援を受けているような人が、日本では大量に強制入院になっているというのが実態でしょう。いったん入院すると地域での生活基盤を奪われて退院が難しくなるのが現実ですが、それがいまだ毎年行われているということでしょう。

そもそも、精神科の専門治療を必要としている人はどれくらいいるのでしょうか。その手前の地域での支援、精神保健体制よりもっと幅広い支援があれば精神科医療に行かなくてもすむ人が、現在患者となっている方の中に大量にいるのではないでしょうか。

クリニックも精神病院も外来は満員、じっくり診療できないという不満を医療側からも患者側からも聞きますが、診療報酬《しんりょうほうしゅう》単価の安さを、量をこなすことで採算を合わせている実態もあるでしょう。

東京の時間外の精神科救急窓口に電話してくる人の半数以上が、通院中のご本人からの電話で、当然（?）ながら、救急対象外とのことです。ここに満たされていない大量のニーズがあります。さらに、通院していないが困っている方たちが安心して駆け込める場所や相談窓口は、存在しません。

いま必要なのは、入院に代わる、安心して駆け込める休息の場、安全保障感のある場です。ショートステイはややこしい手続きがバリアですし、精神障害者が使えるものはほとんど存在しません。精神科にかかる前に、日常の困難や重荷を下ろせるシェルターが必要です。それも対象者別のものではなく、官僚的手続きも不要なもの。

退院支援と同時に、そもそも入院する人を減らす、さらに精神科医療にかかる人を減らすことが、今後、重要と考えます。

一つのモデルはアメリカの連邦政府の担当部局も推奨している、当事者運営のピア・ラン・クライシスセンター（＊3）、特別な紹介も何も要らない、本人が面接して説明を受けるだけで使えるもの。あるいは宿泊できなくとも、困ったときに相談できる、よろず相談所、アドボケイトセンターでしょうか。そうしたオルタナティブ（今ある精神保健サービスに代わるもの）が必要です。私は、そうしたことをアメリカで評価の高いクライシスセンターに学び、創設したいと考えています。これは助成金が必要で、まだ着手できていません。

そしてもう一つ進行中のプロジェクトは、国連の人権理事会の特別手続きの一つ恣意《しい》的拘禁の作業部会への個人通報です。精神保健福祉法にある、不服申立《ふふくもうしたて》機関であり提起審査機関である精神医療審査会は、実質的には機能しておらず、むしろ強制入院や保護室隔離身体拘束《しんたいこうそく》の追認機関となっています。

精神医療審査会は、いまある唯一の法律による不服申立機関ではあるので、各地の弁護士会も代理人となってこの手続きに協力していますが、それでもなかなか退院にも、処遇改善にもつながらないのが実態です。ここへの不服申立てと同時に、恣意的拘禁の作業部会に個人通報することは、精神保健福祉法体制を根底から批判し、廃止に向けた手がかりをつくることになります。

各人権条約の選択議定書を批准《ひじゅん》していない日本では、個人通報ができるのは唯一ここだけであり、この手続きのいいところは、国内救済手続きをすべて終わっていなくとも拘禁中に通報できるという点です。最高裁まで争わないとできないとなると、かなりの負担ですが、これはそうした条件がなく、さらに6か月で結論が出るのです。これほど迅速な手続きはありません。

各条約体の個人通報制度は裁判所を緊張させるということですが、たとえ1件でも強制入院が恣意的拘禁とされれば、精神医療審査会を緊張させることになるでしょう。

これを今から宣伝していくプロジェクトを進行中です。ホームページも準備中ですので、ぜひご注目を。

＊1　フランコ・バザーリアは、イタリアの精神科医。精神病院の廃絶と地域で治す精神医療に尽力した。イタリア全土の精神病院を解体し、地域の精神保健センターへ全面転換をはかることを決めた精神保健法（180号法）は1978年に成立し、バザーリアにちなんでバザーリア法と呼ばれた。精神病院解体の過程で入院患者中心の病棟集会をつみ重ねたことが有名。

＊2　アドボケイトは権利擁護者と普通は訳されているが、これはパターナリスティックな響きがあり、むしろ本人の権利主張を応援する支援者という意味で筆者は使っている。

＊3　ピア・ラン・クライシスセンターは、直訳すれば当事者によって運営されている危機センター。いわば駆け込み寺。精神医療サービスではなく仲間の相互支援によって危機をうまく乗り越え、むしろ成長の機会とするというセンター。それぞれ特徴はあるが、中でもマサチューセッツのリカバリー・ラーニング・コミュニティの運営しているものは精神保健体制から独立しており、評価が高い。

障害者運動と生きる

尾上裕亮●おのえ ゆうすけ

私は、1985年、兵庫県《ひょうご》に生まれた。ただ、生後数か月で東京にいたようだ。「脳性麻痺《のうせいまひ》による脳原《のうげん》両《りょう》上《じょう》肢《し》機能《きのう》障害・脳原移動機能障害」（脳性マヒ、以下「CP《シーピー》」）という障害を持っている。本稿では、いまいちばん皆さんに伝えたいことを述べ、そのうえで、私の障害について、どのような生活を送っているのか、障害者運動に参加している理由を述べたい。たいした人間ではないのにもかかわらず、だ・である調で述べることを許していただきたい（です・ます調で書こうとしたが、慣れていないため途中で断念した）。

障害者の存在は重要だ～現在までの結論

生まれてすぐにCPになり、さまざまな障害者や健《けん》常者《じょうしゃ》に出会い痛感することは、地球上で多様性《たようせい》を証明することが人類の使命であること。そして、その使命において、障害者の存在は非常に重要だということである。

人類は、自分と違う他者を認め合い、協力し合いながら暮らしており、生活を豊かにしてきた。住んでいる場所、肌の色、言葉の違いを越えて、そして他の生物と共に生活しているのは、おそらく人間くらいではないだろうか。確かに人間は、排他感情の動物的側面も持っており、非常に恥ずべきことに、数えきれないほどの憎しみ合いや争い、戦争を起こしてきた。

しかし人類は、自分たちが持つ多様性を守り、それを強めようとする努力も地道ながら行ってきた。国連は、人種や性別の差別と闘う宣言、条約をつくり、2006年には障害者権利条約を策定した。障害者は、心身のどこに障害があるか、障害の程度によって症状が千差万別《せんさばんべつ》であり、誰一人として同じものはいない。まさしく障害者は人間の多様性を体現しており、社会の一員として生きることが人類の最大の挑戦であり、人類の使命として大切なのだと確信している。

一部の人は、障害者について「この人は何もできない人」とか「税金泥棒だ」と思うかもしれない。これも、意見は意見としてきちんと受け止めなければならない。ただ、そのような意見は多様性への人類の地道《じみち》な努力を完全に否定するもので、世界中を不幸にするものだ。人間として最も重要なもの（多様性）が欠落していると私は思う。

私の障害

私は生まれてほどなくしてＣＰになったため、ＣＰの自分しか知らない。〝障害〟〝ＣＰ〟と聞くと皆さんは、医学的にどのようなものなのか知りたいかもしれないが、障害分野において医学的な定義は、ほぼ意味のないことだと私は思うので省略する。定義よりも、その人にどのような症状があり、その症状によって生活にどのような影響があるかが重要である。

ＣＰについての一般的な説明は、たぶん次のようなもので良いだろう。ＣＰは、体を動かすときに働くところの連携がうまくいかない障害だ。通常は体を動かすとき、脳の運動野、補助運動野、小脳、神経、そして筋肉といった〝いろんな役者〟が情報共有、連携をしている。この障害は、それぞれの役者がうまく働いてくれない、働いても一つにまとまらない。そのために、体を動かしにくい、自分の考えとは関係なく体に緊張が入ってしまう。

ＣＰといっても、症状は実に人それぞれである。私の場合は、次の5点の症状がある。

●口で話すことができない

人は、舌の動きをうまく使って言葉を発するが、私の場合は舌の動きが制限されるため、口で話すことができない。会話は後述するように、コンピュータの文字盤を用いており、メールも活用してコミュニケーションをとっている。テンポよく会話することができないのが難点だ。

●歩くことができない
幼稚園《ようちえん》のころは、壁に寄りかかりながら立つことができたが、中学生くらいからは車イス生活になった。

●手で作業ができない
手で文字を書くことはもちろんのこと、一人で服を着替える、食事をする、トイレをすることもできない。2〜3年前までは手で電動車イスを操作していたが、手が動きにくくなり、今は手動車イスを介助者に押してもらっている。

●筋肉の緊張があっちこっちに勝手に出る
常によけいな緊張が、体のどこかで出てしまう。これは、「緊張しよう」と思って随意的《ずいいてき》に行っているのではなく、勝手に手や足に緊張が入り、手足が特徴的な格好になる。音に反応しやすいのも私の特徴。とくに後ろからの音には敏感《びんかん》で、大きな音がしなくても体が反応してしまう。

●側わん
側わんは、脊椎《せきつい》（背骨）が側方《そくほう》にわん曲《きょく》していること。医者のレントゲン診断によれば、私の場合、180度程度、左に曲がっている。そのため、姿勢が常に左に崩れ気味になり、車イスのサポーターやベルトがなければ真っ直ぐにならない状態。脳性マヒの人が、年齢を重ねていくとなりやすい症状の一つであり、最近では、首も左に歪《ゆが》むことが多くなってきた。「姿勢は大事」とよく言うが、側わんになると風邪《かぜ》をひきやすくなるなど、さまざまな不調が出て厄介《やっかい》である。

私をサポートしてくれる人とモノ

私の障害の症状について述べたが、嫌《いや》なこともあるものの、総じて今の人生を楽しむことができている。それは、生活をサポートしてくれる人、モノがいるからだ。

●家族
現在、父、母と同居していて、後述するヘルパーがいない夜間の介助、家事をしてもらっている。昔に比べれば家族への依存度はだいぶ減ってきたが、まだ生活するのには家族の手が必要だ。

私の家族（同居している父母以外に、兄、姉、祖母がいる）は仲が良く、快く私の介護をしてくれている。しかし本来、「障害があるから」「高齢だから」といって家族が介護しなければならないというのは、明らかにおかしい。今の世間をみると、一部で家族介護への依存を是認するような言動や政策論があるが、それは非常に残念なことである。家族は愛情でつながっており、助け合って生活するものだと思うが、それと生活介護とはまったく別であるべきだ。家族に障害者や高齢者がいようが、本人及び家族個人の権利は侵されてはならず、そのために社会福祉はある。

私は、家族の寛容さに頼り、ちょっと長く家族同居をしすぎてしまった。今後は、家族介護の是認に強烈に対抗するためにも、先輩の障害者のように自立生活をしたい。

●ヘルパー

「重度訪問介護」という福祉制度を使って、ヘルパーに生活のさまざまなことを手伝ってもらっている。重度訪問介護とは、福祉・保健・医療の情報を掲載するワムネットによれば、次のように説明できる。

重度の肢体不自由または重度の知的障害もしくは精神障害があり常に介護を必要とする方に対して、ホームヘルパーが自宅を訪問し、入浴、排せつ、食事などの介護、調理、洗濯、掃除などの家事、生活等に関する相談や助言など、生活全般にわたる援助や外出時における移動中の介護を総合的に行います。

(http://www.wam.go.jp/content/wamnet/pcpub/syogai/handbook/service/c078-p02-02-Shogai-08.html. ２０１7年2月18日アクセス確認)

この制度でヘルパーを利用することで、私は自分らしい生活を送ることができている。１か月前から数週間前までに予定を組む必要があるが、何時に起き、何時にどこにでかけるかなど、障害があっても自由に暮らすことが可能だ。次ページの表は、現在のヘルパー利用状況である。

2017年2月現在の週間スケジュール表

	日曜	月曜	火曜	水曜	木曜	金曜	土曜
7:30							
8:00	朝介助 8：00〜10：30	朝介助 8：00〜10：30	朝介助 8：00〜10：30	朝介助 8：00〜10：30	朝介助 8：00〜10：30	朝介助 8：00〜10：30	朝介助 8：00〜10：30
9:00							
10:00	単発（月1〜2回）	障害連事務所 10：30〜18：30					昼介助・入浴介助 10：30〜16：30
11:00			↑	↑	↑		
12:00						リハビリ・入浴介助 12：00〜17：30	
13:00			昼介助・入浴介助 13：00〜18：30	昼介助・入浴介助 13：00〜18：30	昼介助・入浴介助 13：00〜18：30		
14:00							
15:00							
16:00							
17:00							↓
18:00							
19:00		↓	↓	↓	↓		
20:00							
21:00							
22:00							
23:00							

※　点線の矢印は、介助時間が長くなる場合がある印。都心で会議や集会があるときは長くなる。

ヘルパーは何を手伝うか

介護内容	内容
朝介助（毎日）	起床、着替え、朝食、ネブライザー（喘息予防のための吸入）、歯磨き、排便、食器片付け
障害連事務手伝い（月曜）	事務所に行く（神保町）。そこで私はニュースレターの作成作業、文章作成、来客時の応対
予定のない火曜〜木曜の昼介助・入浴介助	ベッドに移乗して数分間休憩、昼食（コンビニか近くの食堂）、資料の整理（スキャン作業）または日用品を買いにスーパー等へ、入浴介助
用事のある火曜〜木曜	所属団体の賛同団体の定例会議、集会に行く
リハビリ・入浴介助（金曜）	福祉タクシーで病院、リハビリ（理学療法）、電車で帰宅、入浴

生活に入っているヘルパーはだいたい15名で、1回2時間半の家での介助から、1回15時間の外出介助までやってもらう。重度訪問介護では、ヘルパーの利用料は一定時間まで市が払ってくれているしくみで、市との話し合いでどのくらいの時間が必要かを決める。2017年2月現在、市が認めてくれているヘルパーの時間は、月に285時間。しかし、外にでかけることが多い等の理由からこの時間を越えてしまうことがあり、越えた分は自分で払う。

　これからは、自立をしたいため、現在は家族にやってもらっている、夜間介助から食事の準備、洗濯をヘルパーに手伝ってもらう必要がある。市とは、話し合いをしながら私の生活の現状や意向をわかってもらい、時間数の検討をしていきたい。

●コンピュータ

すでに述べたように、私は口で話すことができず、それが自分の障害のなかでいちばん不便なことである。しかし私のコミュニケーションを強力にサポートするのが、コンピュータだ。伝えたいことをすぐには発することはできないものの、世間話《せけんばなし》程度ならば、2〜10分くらいでコンピュータに入力して伝えることができる。コンピュータは会話以外に、文章作成やメール、インターネット、趣味のプログラミングをするときも使う。朝起きてから夜寝るまで、常にコンピュータと一緒に過ごしている。少し悲しいイメージがあるが、私にとって人や社会をつないでくれる重要な道具である。

　私は、手が使えないため、普通のキーボードとマウスを使うことができない。パソコンを操作する方法としては、二つ方法がある。一つは、「トラックボール」（器械の上にボールがあって、それを転がすことでマウスを動かす装置）を、左の足で操作して使う。文字を打つときは、「オペレートナビ」というスクリーンキーボードを使用している。もう一つはスイッチで、それを左足で操作する。操作は簡単で、オペレートナビの文字盤《もじばん》のなかを動くマスを、スイッチを押すことで止めて、文字を選択する方法だ。

　この説明ではわかりにくいため、興味がある方はユーチューブで見ていただきたい。

トラックボールの説明：https://www.youtube.com/watch?v=xPRLYN-Vx6k、２０１７年２月23日アクセス確認
スイッチの説明：https://www.youtube.com/watch?v=9r9a0d7b9wk、２０１７年２月23日アクセス確認

障害者運動に参加して

私が障害者運動に参加するようになったのは、ボッチャというスポーツの練習仲間だった太田《おおた》修平《しゅうへい》さんという方に「障害連（障害者の生活保障を要求する連絡会議）に参加してみない？」と誘われたからだ。そのときは「少しおもしろそうだから、一度顔を出してみるか」と軽い感じで役員会に行ってみた。それから、あれよあれよと関係性が深くなっていき、１年後には事務局にいた。ここでは、どうして太田さんの誘いに乗り（明らかな策略？）障害者運動にのめり込んだのかについて述べたい。私にとって障害者運動は、次の二つに気づかせてくれ、障害者、ＣＰというアイデンティティーを鼓舞《こぶ》し続けてくれる存在である。

他人介護の重要性を訴えること

家族以外の人に介助してもらうことの重要性の認識は、高校卒業したころからあったが、危機感をもって行動できるようになったのはここ１～２年である。自ら改善しようとしなかったのは、大学・大学院時代の自分の認識不足が原因だ。

大学生の４年間は、主に母親が介助をしてくれていた。２年生くらいからは、授業中での介助（教科書・資料をめくる、ノートを貸してもらう）、一部の教室移動は友達にやってもらっていたが、あとはほとんど母。すなわち、送迎、食事、トイレ、移動などキャンパスライフ全般。ヘルパーも少しは使っていたが、通学の利用は完全に自己負担になるため、どうしても限定的になる（重度訪問介護は原則、通学には使えない）。

大学院では、授業が少ないため、重度訪問介護でヘルパーを利用することが増えた（単位取得に関する学内での研究活動は厳しいが、その他「自主研究」は〝たまたま大学でやっているだけ〟という理屈が通る？）。そうはいえ、母親のつきそいは基本だった。母親には感謝しても感謝しきれない。

　大学・大学院時代は、さまざまな授業を受け成績を取る、教育学科にいながら認定心理士の資格を取得した、仲間と研究する等、充実したキャンパスライフを送ることができた。しかし私は、当時の自分を恨んでいる。8年間、キャンパス生活を家族に依存してしまったからだ。その問題性にちゃんと気づいたのは、障害連で運動しはじめて、役員会や、さまざまな団体の人たちと話すなかであった。

　家族依存を解決しなかった責任は、私にある。大学にいたころは、母親に負担をかけ続けていることは気になっていて、介助者をもっと使いたいという強い思いはあったが、行動の仕方を知らず、その方法を真剣に調べようとしなかった。解決するきっかけはいくつかあったものの、〝勉強が忙しかった〟ため（言い訳）継続して介助者問題に取り組まなかった。

大学・大学院時代の研究テーマとその後

　大学・大学院では、インクルーシブ教育、障害児と健常児を分けない教育を研究していた〝はず〟だった。しかし実際には、インクルーシブ教育とは反対の分離教育のもとで行われる、交流および共同教育（特別支援学校の子どもと普通学校の子どもとが交流する教育活動）の推進を研究していた。要するに、インクルーシブ教育と交流および共同教育とをごっちゃにしたまま、研究を進めていたのである（なお文部科学省は、あえて両者をごっちゃにしており、私はまんまと文科省のもくろみに引っかかってしまった）。

　私は大学3年生のときから、障害児教育・特別支援教育を勉強し始めた。理由は簡単で、障害児教育系のゼミナールに友達や女子が多かったためだ。情けない動機だったが、勉強していくうちに障害児がおかれている現状や課題について、私の子ども時代と対比させながら学ぶことができた。

　いちばん注目したのは、〝重症《じゅうしょう》心身《しんしん》障害児《しょうがいじ》の交流及び共同教育だった。それは、約10年間通っていた養護《ようご》学校（現・特別支援学校）の経験にもとづいている。小学生、中学生のころにいた養護学校は、重症心身障害児、障害が重い児童・生徒が多い学校だったが、私の学年は障害の程度を問わず、みんな楽しく学校生活を送っていた。相手の言いたいことは正確にはわからないが、相手の様子を見続けていると徐々に意思《いし》がわかってくるため、よくしゃべったり悩みを相談したりしていた。重症心身障害児といういかつい障害名をつけられても、好きなテレビやゲームのこと、「誰々が好き」などを友達としゃべる。私は、普通学校に通っている子どもが特別支援学校にいる子どものことを知らないことは、非常にもったいないと考える。また、重度障害児が普通学校の子どもと会話したり遊んだりできないのは、とてもおかしいことだと感じる。

　大学4年生になり、私は、交流および共同教育をテーマに学部の卒業論文を書いた。修士論文、博士課程の研究も、交流および共同教育の推進をテーマにして、「どのようにすれば特別支援学校にいる重度障害児と普通学校の子どもとの交流を増やせるか」を追究していった。

　しかし障害連に所属し、さまざまな人と出会い、運動論を勉強するうちに、上述した通り一つの誤謬《ごびゅう》に向き合わざるを得なくなった。交流および共同教育が必要になるのは、分離された状態が前提になっている状態であり、交流・共同を推進することは、分離教育を推進することになる。重度障害児のことを真に知ってもらうならば、分けられた状態からの交流でなく、常に一緒にいる状態、つまりインクルーシブ教育を追求しなければならない。北村《きたむら》小夜《さよ》さんはその著書の中で、そのことを言い当てている。

「交流」はもともと別のものだから成り立つ。分けなければ交流は必要ない。交流が掲げられているところには、必ず前提として、非人間的な隔離や冷酷な排除がある。（北村小夜『一緒が良いならなぜ分けた』37頁、現代書館、１９８７年）

では、なぜインクルーシブ教育と交流および共同教育をごっちゃにしたのか。それは、私が理念より研究のしやすさを優先《ゆうせん》したからである。当時の私が調べられる範囲では、重症心身障害児のインクルーシブ教育の研究文献は非常に少なく、一方で交流および共同教育の研究文献は多かった。先生や友達と議論する中で、「交流および共同教育はベストではないが、必要な教育だ」という結論に至った。要は妥協《だきょう》したのである（当時の先生や仲間を批判する気はまったくない。むしろ大学・大学院での研究活動の経験があってこそ、分離教育に対する批判がいっそう高まったと思う）。

２０１３年、博士課程を中退し、障害連を中心にして「骨格提言《こっかくていげん》」の完全実現を求める大フォーラム（＊１３９ページ参照）等に参加し運動している。障害者運動の魅力は、「社会の完全参加」、そして冒頭で述べた「多様性の尊重」等の原理・原則を曲げず、その実現のためにフットワークの軽い行動を行うことだ。

たとえば、津久井《つくい》やまゆり園を建て替えるという神奈川県の方針に対して、早い段階から反対し、声明文の提出や抗議集会、審議会《しんぎかい》への傍聴行動を行っている。建て替えに反対する理由は、新しい立派な施設ができてしまうと、定員を満たすため障害者を入所させる現象が必ず起き、「社会の完全参加」の原則に逆行するからだ。確かに重度障害者が地域で住むのは、簡単ではないが、だからといって施設を容認するわけにはいかない。運動には、私の大学時代におちいった「交流および共同教育はベストではないが、ベター」などといった妥協はない。

障害者運動には、自分にはない強さがあり、今後もそれを吸収したいと考えている。吸収しつづけるためには、第一歩として、ヘルパーに手伝ってもらいながら家族から自立すること。最近出会った人から、「まず自立しなければ、あなたの運動に説得性が生まれない」と言われ、強く納得させられた。自分の生活から〝障害者の完全参加〟をアピールすることで、運動の新たな魅力が見えてくると思う。

わたしのこだわり

横山晃久●よこやま　てるひさ

小学校・中学校時代

私はいま63歳です。１９５４年に大阪府《おおさかふ》で生まれました。脳性《のうせい》マヒで、生まれつきの障害を持っています。

就学前は、近所の子どもが毎日遊びに来てくれて、私の家の目の前が普通の小学校だったので、その小学校にみんなと行けることを楽しみにしていました。ところが、入学時が近づくと、それまで5、６人の子どもたちが遊びに来てくれていたのに、突然来なくなりました。どうしたのかと考えていると、教育委員会から人が来て、私の親に「あなたのお子さんは体に障害があるので、障害者の専門学校に行けばいいんじゃないですか」と言われ、東京の世田谷《せたがや》に家族ともども引っ越してきました。

光明養護《こうめいようご》学校という、日本でも歴史の古い養護学校に行きなさいと言われました。現在、世田谷区の区政の歴史は85年なのに、光明養護学校の歴史も85年なのです。私のクラスメイトは、東北地方の秋田県から沖縄県まで全国から集まってきていました。教室の中は、全国各地の方言《ほうげん》が飛び交っていました。東北の人と関西の人がけんかすると、周りの人もよくわからないと言っていました。

私は5人兄弟の末っ子として生まれ、男は私だけです。当時はおばあちゃんもいたので、女性が６人で、男は私と父の二人でした。すごく甘えん坊で楽な生活を送っていました。

お腹が空いたら「おふくろ、腹減った」と言えば、目の前に調理されたスパゲッティとかラーメンとかが出てきて、食べさせてくれていました。「のどがかわいた」と言えば、目の前にジュースが飛んでくる、そういう生活をしていました。人間って楽な生活をすればするほど、自分で生きる力がなくなってくるという感じでした。

10歳のころ、台所に初めて入りました。冷蔵庫の横にインスタントラーメンがあったので、ラーメンをつくろうと思ってお湯を沸かし、冷蔵庫を開けたらキャベツがあったので、キャベツを切ろうとして包丁《ほうちょう》を持った瞬間、後ろから親が飛んできて、私が持っていた包丁を取り上げ、「お前はこんなことしなくていい」と言われました。

特に生まれつきの障害者は、経験、体験を奪われています。人間にとって、経験、体験が人間の成長につながると思います。すべて周りがやってくれるのでは、経験、体験ができません。私は今でもよく、「常識がないね」と言われます。常識をつくるのも経験、体験があって初めてわかってくるのです。経験、体験を奪っておきながら、「常識がない」と言うのは非常におかしなことです。

それに養護学校のころ、毎朝の朝礼で校長から「あなた方は体に障害があるので、かわいがられる人になりなさい。頭で勝負しなさい。いつも明るくにこにこ感謝の気持ちを忘れないで生きてほしい」と、12年間、言われ続けてきました。感謝の気持ちを忘れないでとか、明るく生きろと言うのはわかりますけども、頭で勝負しなさいということはまったく理解できませんでした。

中学のころから社会問題に強い興味があったので、中学2年生のときに一人で電車に乗って、熊本県の水俣《みな》市《また》に行きました。水俣病の人たちに会い、話をしました。

水俣の公害病の人たちは、自分たちのことを「患者」と言っていました。私は障害者です。患者というのは私にとっては、かぜをひいたとか、治る病気にかかった人だと思っていました。

「はっきり言って、もうあなた方も治らないよ、だから障害者と感じていればいいんじゃないか」と言ったところ、障害者と一緒にするなと言われました。ものすごく「障害」という言葉に抵抗があるんだなあと感じました。同じ障害者といっても、生まれつきの障害者と中途《ちゅうと》でなった障害者とでは、全然意識が違うんだなあと感じました。

私たち生まれつきの障害者は、「どうせできないんだ」と、すぐ居直《いなお》ることができます。ところが中途の障害者の人は、なかなか自分を受け入れることができないということを感じました。

自分から入った施設

私は、こだわりという言葉が非常に好きです。こういうご時世なので、どんどんどんどん時代が速く回っています。時代に流されている人たちがいっぱいいると思っています。だからこそ、こだわりが必要だと思っています。そこで私のこだわりですが、「障害者の親子問題と施設の問題」の二つです。

15歳のときから2年間、施設見学をしていました。養護学校では、歩ける軽度障害者と私のような車イスの重度障害者とでは、進路指導という名目《めいもく》で進路を分けられています。歩ける障害者は、一般就労という形で職場体験や職場実習などを行っていました。私たちのような車イスに乗っている者は、一般就労ではなくて、施設に行きなさいということでした。それが養護学校の教育方針だったように思います。

私は何にもできない障害者で、当時は言葉もうまくしゃべれませんでした。ＡＤＬ《エーディーエル》（身の回りのこと）が自分でできなかったら将来困る、と母親から言われ、7歳から9歳にかけて言語障害を軽くするための訓練を受けていました。そしたら今度は、トイレを自分でやらないとダメだと気がつき、3年間みっちり、一日中トイレに入って、車イスから立ち上がって、自分でズボンを下げて、用を足して、自分でお尻を拭いてということをやりました。

養護学校時代は、全員が生まれつきの障害者だったので、ツーと言えばカーという感じでした。

施設に入ると6人部屋でしたが、私を除いた5人は中途障害者です。みんなのペースに慣れるために、私は午前3時に起きて、着替えやかたづけをしました。その施設は6時半に起床です。3時に起きないと間に合わなかったのです。

私が3時に起きてしたくをしていると、同じ部屋の人から「頼むからおとなしく寝てろ。お前が起きるとこっちまで寝ていられない」と言われていました。

私は施設経験でいろんなことを学びました。


私は自分から志願して施設に入りました。

私が16歳のころ、母親はムリをして私の介助を続けていました。母親の視界に私が入れば、母親はムリをして起き、私の着替えや食事介助をしていました。母親の視界から私が離れると、母親は寝込む生活を送っていました。母親は末期のガンだったのです。

私のできる親孝行とは何かと真剣に考えました。そして、私のできる親孝行は母親から遠く離れること、そうすれば母親はもうちょっとは生きていかれると思いました。ですから、私のほうから「おふくろ、施設に入るよ」と言いました。

すると、母親は、「私の目の黒いうちはしっかり面《めん》倒《どう》みる。私がいなくなったときに国のご厄介《やっかい》になりなさい」と言いました。国のご厄介になるというのは施設に入るということです。母親はまた、「施設になんか入ることはない。私が死んだら、お姉ちゃんが4人いるから、お姉ちゃんに頼んである」と言いました。

でも私は、これ以上、身内の厄介になりたくはないと思っていました。なぜならば、姉たちはもう結婚していて、苗字《みょうじ》が違うのです。姉たちには姉たちの生活があるのです。そんなところに行ったら、両方とも肩《かた》身《み》が狭いと思いました。

母親の反対を押しのけ、私は施設に入りました。

「どうやって」の答えをつくるのが私の仕事

施設に入った私は、自治会《じちかい》をつくろうと思って、仲間に呼びかけました。ところが、仲間から「頼むからおとなしくしてくれ。横山《よこやま》が入ってきてこの施設は騒がしくなった」と言われました。「なんで横山はそんなに騒ぐのか、私たちはこの施設が安住《あんじゅう》の地だ」と、「こんないいところはない」と言っていました。「ここにいれば雨風はしのげるし、食事も食べられて、安いけど作業労働のお金が入ってくる」と言われました。

でも、私は安住の地だとは思わないし、みなは本音《ほんね》をかくしているのだと思っていました。

3年過ぎて、施設長が代わって、障害者運動に理解のある施設長が来ました。その施設長が、「横山はこの施設から出ていけ。横山にはこの施設は必要ない」と言われました。

施設長の応援もあり、私は施設から出ることができました。すると、今まで「安住の地だ」と言ってた人が、こう言うのです。「横山いいねえ、出られて。私たちだって本当は出たいのよ」「出てどうすんの？どうやって住むところを確保するの？」「どうやって（介助）ボランティアを集めるの？」「どうやって生活費をかせぐの？」というように、必ず「どうやって」が付くのです。私はそれを聞いた瞬間に、私の一生の仕事はこの「どうやって」の答えを仲間と一緒につくり出すことなんだと思いました。

私が施設問題にこだわっているのは、自分のことも含めてですけれども、1968年ころ、「東洋一《とうよういち》進んだ施設」という行政のキャッチフレーズのもとで、都立府中《ふちゅう》養育《りょういく》センターができたことがあります。この施設は、障害者を人間としてではなくて動物並みに考えていました。なぜならば、この施設は、死亡後の解剖承諾書《かいぼうしょうだくしょ》への署名が入所の条件になっていました。入所した人は、男女を問わず髪を短く刈《か》られ、女性でもスカートをはくことも許されずに施設の用意したパジャマだけを終日着せられました。また、府中療育センターではありませんが、施設での生理の介助が面倒という理由で子宮《しきゅう》を摘出《てきしゅつ》されたという事実が何件も報告されています。

短く刈られた髪のこと、パジャマのこと、子宮摘出のこと、すべて介助する側の事情です。今だからこそ、セクハラの問題がクローズアップされますが、当時は女性の入所者の入浴を男性職員が介助することが当たり前でしたので、悪戯《いたずら》、セクハラが日常《にちじょう》茶飯事《さはんじ》だったと、入居者からあとで聞かされました。

どうして私たち障害者だけが、こんな扱いをされるのでしょうか。だからこそ、私はこの二つの問題、親子関係、施設のことにこだわっています。

私は介助保障運動一筋で約40年間、ときには厚労省、ときには東京都、ときには世田谷区と、ずっと戦ってきました。重度障害者が生活するには、介助保障、住宅保障、生活費の保障という三つの条件が必要だとずっと言われています。それも公的な保障が絶対に必要なのです。2013年からは、「骨格提言《こっかくていげん》」の完全実現を求める大フォーラム実行委員会（*）で、毎年、全国の仲間たちと大フォーラムを開催し、私たちの主張を訴えています。

言うまでもなく、重度障害者は介助者がいなければ生活できません。一人ではトイレもできないし、食事も食べられませんし、どこも行けません。私は、重度障害者が人間らしく生きられることが豊かな考えを持った国だと思っています。「やまゆり園」事件の犯人が言うような、世の中にとって不要な存在とか、金がかかるとか、それは殺す側の論理でしかないと思っています。

優生思想《ゆうせいしそう》を根絶《こんぜつ》しないならば、国の状況が変化すると、いま殺す側の人たちも、いつ殺される立場になるかもしれません。優生思想は絶対に許さない、という立場でこれからも戦っていきます。

これが私のこだわりです。

＊「骨格提言」と「大フォーラム」
「骨格提言」の正式名称は、「障害者総合福祉法の骨格に関する総合福祉部会の提言」といい、2011年8月に、政府内に設置された「障がい者制度改革推進会議」の総合福祉部会がまとめたもの。障害者団体の代表が参加し、障害者権利条約の理念を具体的に実現するものとしてつくられた。障害者が地域社会でほかの市民と平等に暮らすため、本人の必要に応じた支援をつくり出すことを求め、障害種別による格差や地方自治体間の支援の格差をなくし、また、制度上の不備から支援を受けられない人が出ないようにするなどである。
しかし、翌年（2012年）につくられた障害者総合支援法は、多くの障害者に犠牲を強いてきた障害者自立支援法を一部手直ししたものにすぎなかった。当時の民主党政権も、その後の自民・公明政権も、「骨格提言」を段階的に実現していくと言ってきたが、実際に進められている政策は、ますますこれとかけ離れた方向に進んでいる。
2006年から2011年まで、毎年10月に、障害者自立支援法に反対する障害者の大フォーラムが開かれてきた。障害者の全国団体が共闘《きょうとう》して呼びかけてきたもので、1万～1万5千人の人々が参加してきた。こうした力がいったんは政府に自立支援法の廃止を約束させたが、2012年以降、この大フォーラムは開かれなくなった。
　そこで、２０１３年に、こうした運動のあり方を絶やしてはいけないと考えた団体・個人が集まり、『骨格提言』の完全実現を求める大フォーラム実行委員会」と命名して活動している。２０１３年には10月31日に弁護士会館で、14年からは日比谷《ひびや》野外音楽堂で、毎年10月に集会を行っている。

「骨格提言」の完全実現を求める大フォーラム実行委員会
連絡先
〒１５４-００２１
東京都世田谷区豪徳寺１-32-21スマイルホーム豪徳寺１F
自立生活センターＨＡＮＤＳ《ハンズ》世田谷　気付
ＴＥＬ　０３-５４５０-２８６１
ＦＡＸ　０３-５４５０-２８６２
Email　hands@sh.rim.or.jp

差別とたたかう

65歳問題と精神保健福祉法改悪

高見元博●たかみ もとひろ

「精神病者」差別の実態

私は1951年生まれ、しょうがいは「統合失調《とうごうしっちょう》症性《しょうせい》うつ状態」です。「精神病者」である妻と独立した生活をしています。親、兄弟を含めて親戚《しんせき》は一般的な「精神病者」差別観を持っているので、ほとんど絶縁しています。今は二級障害年金を受けて生活しています。国家公務員だったときに発病したので、障害共済年金があります。趣味はフェイスブックと「LINE《ライン》ゲーム」の『ディズニーツムツム』です。

最初に精神病になったのは高校のころ。スポーツが原因で急性腎炎《きゅうせいじんえん》になり、運動をいっさい禁じられたことから周囲から孤立し、発病しました。1か月間風呂に入らない、誰とも話をしない、奇声《きせい》を発するなどの症状がありました。内科で腎炎を診てもらい、そこで合わせて精神病も診てもらっていました。症状の改善はありませんでしたし、精神病の薬は出ていなかったようです。

その後、自然に回復していました。高校自由化闘争に敗北したあとでしたが、たまたま観た映画『明日に向かって撃て』で自己解放感に目覚めたのでした。70年代初期の「アメリカンニューシネマ」の一連の作品の中に浸る自分がいました。それまで人に「共感」してもらうという経験がありませんでした。それが映画の中にはあったのです。この共感が良く作用したようで、精神病は回復していきました。20歳ころには腎炎も治り、精神病も自然に治っていました。

24歳前後に、運動体の中でのいじめによって再び精神病になりました。しかし、働くことはできていました。

26歳で郵便局に就職し配達業務をしていました。28歳ごろに、職業病の頸腕症候群《けいわんしょうこうぐん》・腰痛《ようつう》とうつ状態を発病し、勤務軽減を受けました。35歳ころ、その職業病でまったく働けなくなり、長期の休職に入りました。精神医療につながるのは32歳ころ。今の主治医に出会ったのはもっとあとです。初めて信頼のできる医者に出会ったのです。精神病院への入院は用心深く避けてきました。

1991年、39歳のとき、解雇（免職）になりました。「『精神病者』は国家公務員に向いていない」という理由でした。解雇撤回《かいこてっかい》裁判を闘い、一審では勝利しました。高裁・最高裁で敗訴、2000年のことです。

この解雇撤回闘争には、大きな支援の陣形ができました。反「郵政マル生《せい》」を闘っていた郵便労働者や、多くのしょうがい者が支援してくれたのです。「郵政マル生」というのは職場を覆《おお》う「企業防衛主義」の思想で、「郵政生産性向上運動」の略称です。ストップウォッチをもって人間の動きを計測する等、人間を「機械化」するものでした。抵抗する労働者と積極的に受け入れる労働者に、職場は二分されました。労働組合も分裂していました。

徐々に「マル生」が職場を支配するようになり、決戦としての反「マル生」78年越年《えつねん》闘争という、年賀状の配達を止めた闘いが行われました。それに対して、現場労働者61人の免職・解雇と8183人の報復的処分が下されました。永続的闘争の始まりでした。処分の日付から「4・28反処分闘争」と呼ばれました。

「生産性向上運動」と相容《あいい》れないのが「精神病者」の存在でした。敵対者としていじめと排除《はいじょ》に遭《あ》いましたが、だからこそ、反「マル生」を闘う労働者らの支援を受けたのです。

1　65歳問題

「精神病者」にとっての介助の必要性とは

2003年に、私の住む尼崎市《あまがさき》（兵庫県）では「精神病者」にも公的な介助を保障した制度が始まりました。身体・知的しょうがい者の支援費制度に対応したものでした。2006年に障害者自立支援法が施行され、三しょうがい統合だと言われました。

公的介助が始まるまでは、どう過ごしていたでしょうか。週に1度か2度は買い物にも行けず缶詰で食事、掃除はせずに荒れ放題でした。外食するお金はなく、毎日の食事づくりに精力をそがれるために、社会参加に制限を受けました。一日の総活動量は、「健常者」のそれより少なくて一定に決まっています。家事にエネルギーを使えば、その分は社会参加が減るという塩《あん》梅《ばい》です。無理をすればあとで跳ね返ってきます。

自立支援法で、夫婦合わせて月28時間の家事援助を受けることになりました。妻は身体介護で外出の同行が月5時間ついています。食事の下準備と簡単な掃除をしてもらっています。当初は1割の利用者負担があり、夫婦二人で月に5千～6千円くらいではなかったかと思います。1割負担はのちになくなりました。公的介助ができたことでいかに過ごしやすくなったか、はかり知れません。

介助は、人工呼吸器をつけている身体しょうがい者のように命にかかわるわけではありませんが、社会参加も生活の重要な一部です。生きているということの中には、社会をつくることが含まれます。アンガージュマン（参加）の思想というものがありますが、社会を変えることも人生です。人間は社会的存在です。

介護保険優先

65歳になることで障害者総合支援法7条の介護保険優先の条項が適用されると、私の場合、介助時間数は3分の1に減り、1割の利用者負担が生じます。

もともと政府は、しょうがい者介助と高齢者介護を統合するつもりでした。それを当面は65歳以上で実現しているのです。育児やしょうがい者に介護保険をモデルにした制度を導入し、将来は保険化することで、高齢者を含めて介助保障を国家の義務から外すことを推し進めようとしています。

怒りネット（怒っているぞ！障害者切りすて！全国ネットワーク）の厚労省交渉で、介護保険に移行して時間数が減ったら、しょうがい者施策から「横出し、上乗せ」することを確認しました。だから、時間数は変わらない可能性がありました。しかし、自治体と交渉しなければなりません。それが保障されているわけではないのです。厚労省が約束しても、実施の際には自治体が独自に判断して決めるからです。地方分権一括法によって、２０００年度から自治体と国は上下関係ではないことになっています。

私は２０１６年11月が65歳の誕生日です。１年半前から交渉を始め、半年前の８月16日に本交渉を行いました。これには尼崎障害団体連絡会という全市的なしょうがい者団体が加わりました。交渉の中で、市側は要介護認定を受けてくれと要求してきました。まず介護保険制度を受容しないといけないというのです。しかし、それでも従前の時間数が保障される「可能性がある」に過ぎないと言います。市側は、要介護認定時のケアマネジャーの判断に従うということしか約束しません。空手形《からてがた》にもなりかねない「保証」でしかありませんでした。介護保険の制度の中での「保証」であり、明らかに厚労省の約束より後退しています。

交渉要求文

交渉の際の申入れ書は以下のようなものです。

「髙見《たかみ》の求めることは、要介護認定を受けることなく、今まで通り障害者支援で月14時間の家事援助を保障されることです。

その上で、以下の項目を話し合って下さい。

15年５月の話し合いで確認したことを文書化していただきたい。

（ⅰ．略）

ⅱ．話し合いが解決しないまま誕生日を過ぎて65歳を超えても、直ちに介助を打ち切ることはないこと。

ⅲ．介護保険制度からの介護を受けることは、当事者の申請に基づいて行われることであり、法的にも義務ではないと尼崎市も認識していること。（後略）」

交渉の中で、私は自らの体験である、解雇撤回裁判闘争のことで、医学モデルである介護保険を受け入れることはできず、社会モデルであるしょうがい者施策でなければならないと、市側を説得しました。

私は前述のように解雇撤回裁判を闘いました。裁判で私は、解雇はしょうがい者差別だ、しょうがい者にとっての障壁《しょうへき》を取り除く義務は雇用者側にあると主張しました。国側は、しょうがい者に「健常者」と同じ条件で働く能力がなければ解雇するのが当然だと主張しました。それを認めて最高裁は解雇を正当としました。

この解雇撤回闘争が、私のしょうがい者としての原点です。だから、私にはどんなものであれ、しょうがい者に「健常者」並みになる努力を強いる医学モデルは受け入れられないと、市側に主張しました。これは「方法論」ではなく哲学です。介護保険は、家族介護を前提とし、障壁《しょうへき》を取り除くのはしょうがい者・高齢者本人の責任だとする、医学モデルの制度です。だから、私は「要介護認定を受けない」と市に対して宣言しました。市内障害団体連絡会もそれを支持しました。

交渉の結果、市側は介護保険を受け入れられない気持ちはわかったと、約束を交わしました。「高見氏が65歳到達時、要介護認定申請を行わず、障害福祉サービスの継続を求めて申請を行われた場合、生活に支障を生じるような決定をすべきではないと、市としては考えている。」などの文書を手交しました。

この約束によって、要介護認定を受けないからといって直ちに介助を打ち切られる心配がなくなりました。自治体の中には、65歳になったとたんに障害福祉の介助を打ち切ってしまうケースがあることを考えると、大きな獲得です。市内障害団体連絡会からは、65歳になり介護保険に移行して時間数が減っているしょうがい者が多いと指摘されています。応援してくれた市内の運動に応えて、65歳以降のしょうがい者の介助保障を勝ち取っていきたいと思います。

また、2016年9月29日の「骨格提言《こっかくていげん》」の完全実現を求める大フォーラム（＊139ページ参照）の厚労省交渉において、厚労省は65歳問題で従来の約束を維持しないと言いました。厚労省による改悪を許さず、高齢者もしょうがい者も介助は社会モデルで行うべきであるということを、今後も要求していきます。

3か月ごとの申請

65歳の誕生月になって、それまでは1年ごとだった申請手続きを、以後は3か月ごとにせよと文書が送られてきました。「障害福祉サービス受給者証兼地域生活支援事業受給者証の更新について（お知らせ）」という題の短い文書です。

なんという冷たい仕打ちでしょうか。直ちに質問書を提出しました。

「3か月ごとに申請をしないといけない」という理由を尋ねましたが、「もし介護保険を申請する気持ちになったときに、その申請をして支給されるまでに要する日程だ。次に障害者総合支援法による申請をしなければ、申請がないのだから支給はない」という答えであり、介護保険を申請する意思のない私にとっては、「介護保険の申請をして」という前提がないのです。また、この3か月ごとの申請というのは、期間こそバラバラですが、全国的に実施されています。

行政手続法第12条1項の「行政庁は、処分基準を定め、かつ、これを公にしておくよう努めなければならない。」という条項に基づき、決定の根拠となる、条例、要綱《ようこう》、指示文書などを示すように求めました。

市側からの回答は「法的根拠は何もない。更新を6か月ごとにするように内部の会議にかけているところだ」というものでした。不当な差別的扱いを廃止させるまで闘います。

2　相模原事件を口実にした精神保健福祉法改悪

劣ったしょうがい者は殺さなければならない、という優生《ゆうせい》思想《しそう》を実行した相模原《さがみはら》事件は歴史を画《かく》しました。以前と以後は画然《かくぜん》と違います。「精神病者」にとっても状況は変わりました。

「精神病者」の存在は資本主義の生みだした一つの側面です。資本の原理である「金儲《かねもう》け（企業主義）と合理化」が大量に生みだした者でありながら、そのイデオロギーにまつろわぬ民である「精神病者」をいかに管理するかは、常に政治の大きな課題でした。一系統は障害者総合支援法です。「福祉」の網でしょうがい者を体制内に取り込もうとするものです。もう一系統は保安処分による管理強化です。精神病院における管理と一体で社会全体を覆う治安管理です。心神喪失《しんしんそうしつ》者《しゃ》等医療観察法と精神保健福祉法がそれです。相模原事件を口実に、精神保健福祉法の大改悪が行われようとしています。

「検証・検討チーム」の「最終報告」

２０１６年12月8日に出された、厚労省の相模原事件についての「検証・検討チーム」の「最終報告」の結論は、「精神病者」取り締まりの強化でした。「報告」の大部分を占めるのは、措置《そち》解除の出口を狭めることと措置入院後の対応の強化です。また、精神科クリニック・精神科病院などによる地域監視網づくりをこっそりと準備しています。

いま、「精神病者」に対する新たな「Ｔ４《ティーフォー》作戦」（ナチス・ドイツが優生学思想にもとづいて行った安楽死政策）が徐々に進んでいるのではないでしょうか。今は１９３０年代のドイツとは時代背景が違います。単純に「虐殺《ぎゃくさつ》が繰り返される」というわけではありません。肉体的殺害でなく、施設・病院に一生閉じ込めるという方法で、「社会的抹殺《まっさつ》」を行うことも抹殺です。

きわめて差別的な「検証・検討チーム」の「最終報告」が、「これからの精神保健医療福祉のあり方に関する検討会」（あり方検討会）に提出され、そこで精神保健福祉法改悪案が検討されました（「報告書」２０１７年2月8日）。

「検証・検討チーム」には精神しょうがい者は一人もおらず、「あり方検討会」には委員30人中、精神しょうがい者は二人しかいませんでした。

「自己愛性パーソナリティ障害」は犯罪の原因ではない

２０１７年2月20日、容疑者Ｕは「自己愛性《じこあいせい》パーソナリティ障害」と鑑定《かんてい》されたと報じられました。病名が変わるのは6回目であり、精神医療の低水準さが表れています。

妄想《もうそう》や気分障害が観察されず、薬物の影響が消えると思われる期間を過ぎても、本人の主張や在り方に変化が見られなかったのでしょう。周囲が思う以上に本人の自己評価が高く、そのため、自分は不当な評価を受けているとの不満を抱きやすい人だということです。極端なナルシストという意味です。有名な指揮者のカラヤンや有名な政治家の多くが、この「障害」に該当するそうです。

しかし、今回の事件と、「自己愛性パーソナリティ障害」の因果関係は何も立証されていません。犯行動機である差別思想をなぜ持ったのかは解明されていません。この鑑定は、「犯行のときは判断能力があったから完全責任能力がある」というのが結論です。事件と精神病は関係ないが、何らかの病名はつけたいというだけのことです。「なんか『精神病者』がやった事件らしい」という雰囲気だけ煽《あお》られています。

精神保健福祉法改悪＝精神医療が警察の手先に

事件と精神病は関係ないと鑑定されたにもかかわらず、それを口実にした精神保健福祉法の改悪案が国会に出されました。当初は議論なく成立すると言われていたものが、「精神病者」等の激しい抵抗にあい、2017年6月18日閉会の国会で継続審議となりました。すでに参議院は通過しているので、次の国会では衆議院での審議のみとなります。

精神医療の根本的在り方にかかわる大改悪です。精神医療は「本人のための治療を施すのだ」としてきたのが精神保健福祉法です。医療観察法でさえ、建前上は「本人のためだ」とされているのです。それが今回の改悪では「犯罪予防に精神医療を使う」と明記されたのです。

「精神保健福祉法改正案の概要」（厚労省文書）では、行政が患者の措置入院中から、通院先の医療機関等と協議の上、「退院後支援計画」を作成するとされています。退院後も監視を続けるための計画をつくることは強制であり、患者は拒否できません。計画に従うか否かは患者が判断しますが、拒否すれば退院を認められないかもしれないし、退院後に医療を受けられないおそれがあるから、実質的な強制です。さらに自治体間の情報共有は強制的に行われ、本人は拒否できません。

警察と精神医療の相互浸透が公然とうたわれています。「退院後支援」のために設けられる「精神障害者支援地域協議会・代表者会議」には警察の参加が明記され、具体的計画の作成のための「同・調整会議（個別ケース検討会議）」にも警察が入ることになっています。政府は、「警察は防犯目的ではなく医療を目的として入る」と言っています。しかし、警察がどんな「医療」を施すかは、なんら説明されていません。また、「他害《たがい》のケースでも警察は入る」と明言しています。「精神医療は警察の手先になる」と、公然と宣言されているのです。

多くの批判の前に、法案説明の「概要」に公然と防犯目的と書いていた部分は削除されました。しかし、2017年1月の安倍首相の「防犯のために精神保健福祉法を変える」という施政方針演説は何ら撤回されていません。その根底には、精神保健福祉法「改正」案の同年5月11日の国会審議のなかでの自民党の自見はなこ議員の「監督されているという妄想は、病気の症状だ」という差別発言に典型的な、『精神病者』は主体的人格ではなく、医療を施してあげる対象でしかない無能力者だ」という考えが貫かれています。一人前の人間とはみなさない根本的な差別思想には変化がないのです。

また、法案は参院で民進党らによる修正が加えられた結果、医療保護入院にも対象を拡大し、「非自発的入院者」には法定代理人（後見人）の選任の機会を確保することを検討するなどの改悪が行われました。後者は、主観的意図は権利擁護《ようご》かもしれませんが、精神しょうがい者には「法的な行為無能力者」がいるとするもので、障害者権利条約12条に反します。

差別社会を乗り越えるために

今の社会体制は差別を必要としています。国民がごく一部のエリートと大多数の庶民《しょみん》に分裂し、利害の対立する社会だからです。差別が必要なのは、庶民の中に争いをつくり、「上見て暮らすな、下見て暮らせ」というイデオロギーを強いるためでもあります。結果として、庶民は分断されています。

「精神病者」が生き抜くことは、『精神病者』は主体的人格ではない」と規定する現代社会の非人間性を明らかにし、「人間」というものの「解放」の主体的な陣地を成します。「精神病者」が生き抜くこと、生き抜くための人間関係をつくっていくこと、そうした人間関係を社会的、世界的に普遍化することは、現代社会の価値観を逆転させる「人間解放」の思想的文化の陣地になり得ます。「精神病者」が主体的人格であるという文化を人間の行動原理にしていくことは、差別を廃止し、人間本位の社会を建設する新たな歴史の始まりです。

やまゆり園事件を生み出す時代に優生思想と闘う

古賀典夫●こが のりお

視覚障害を持って生活する私

私は生まれつきの「視覚障害者」です。眼科医の母親から生まれたのですから、不思議なめぐりあわせです。１９５９年に佐賀《さが》県で生まれ、２歳のときに、東京近辺に引っ越してきました。按摩《あんま》・鍼《はり》・灸《きゅう》（三療《さんりょう》）の仕事をしながら、「障害者」運動にかかわってきました。

「視覚障害者」の仕事といえば、江戸時代から三療が主流となってきたわけですが、その状況は今でも変わりません。電話交換手の仕事が期待されたこともありましたが、自動化の流れの中で、それほど見込めないものになりました。プログラマーが期待された時期もありましたが、ウィンドウズなどのグラフィックを用いるソフトの登場の中で、これもそれほど期待できないものとなってしまいました。

他方、三療は、これに従事する「健常者《けんじょうしゃ》」の増加とともに、やはり増えている接骨院、整骨院などでも同じような症状の人たちを治療するので、競争の中でなかなか困難な状況になっていると思われます。

外出することに緊張を感じるのも事実です。とりわけホームドアのない駅では、ホームを歩くとき、やはり怖さがあります。私も２度落ちたことがありますが、落ちた経験を持つ「視覚障害者」は多いと思います。

私は一人で出歩くことが多いのですが、ガイドヘルパーと出歩くことが多い人、ほとんど外出をしない人など、さまざまです。その人の経験や考え方によるのだと思います。私は道行く人に場所をたずねたり、公共交通機関を利用して歩きますが、これは人の多い都市部に住んでいるからできることです。そうでない地域では、必要なガイドヘルパーの確保も困難な状況があります。

文字情報を理解することについては、まだ困難な点が多いのは事実です。役所からの通知、電気・ガス・水道料金のお知らせなど、あふれる文字情報に苦労しています。

コンピューターを使用することで、読み書きがやりやすくなったことは確かです。しかし、画像データなど、読むことが困難な電子データもあります。書式のある書類に書き込むことも困難です。スキャナーを使って書類を読むこともしていますが、時間がかかり、けっして正確には読んでくれません。書籍については、音声などで読める電子データを提供してくれる出版社も増えているとは思うのですが、交渉しても断られる会社が多いのが今の実態です。

能力主義・優生思想にさらされる障害者

「障害者」関係団体から発せられた、津久井《つくい》やまゆり園事件に対する意見を読むと、その多くで、植松《うえまつ》の犯行を優生思想《ゆうせいしそう》によるものと規定しています。そして、優生思想とは、けっして特別な人物や団体が主張するものではなく、身近にあるものとしてとらえていることがわかると思います。「障害者」は自らの人生を圧迫してくる能力主義や優生思想に恐怖し、抗《あらが》い、妥協して生きている日々があるからです。

私の知り合いの例をあげましょう。

Aさんの母親は体が弱く、父親には「知的障害」がありました。そこに「視覚障害者」であるAさんが生まれます。母方の親族がその赤ん坊（Aさん）を殺そうという話をしていたそうで、父親はAさんを連れて家を出たそうです。Aさんは、父親の親族によって育てられました。

「視覚障害者」同士のカップルの中で、夫のほうに遺伝する可能性のある内臓の病気がありました。そのため、子どもはつくらない、と決めた人たちもいます。その他方、網膜色素変性症《もうまくしきそへんせいしょう》という遺伝性の目の病気を持った人が、遺伝する可能性のある筋《きん》ジストロフィーの人と結婚し、子どもも設けて生活している例もあります。

こうして生きる日々の中で、能力主義や優生思想が強まることにより、自らの存在・生存を否定する状況が強まることに警戒感を持ち続けているのです。私が

「脳死《のうし》」を人の死とすることに反対する運動や「尊厳《そんげん》死《し》」法制化に反対する運動に参加してきたのは、このようなことからでした。

いまに至る優生政策の歴史

優生思想といえば、ナチスのことを語る場合が多いように思われます。確かに、ナチスのことを語る場合が多いように思われます。確かに、20万人以上の「障害者」を、「安楽死《あんらくし》」と称して殺害して行った例は、ほかにはありません。この「安楽死」計画を進めた医師は、「障害者」のいないユートピアを目指した、と語っています。

植松は、衆議院議長あての手紙の中で、「障害者を殺すことは不幸を最大まで抑えることができます」と書いていますが、同じような発想だったのでしょう。「安楽死」推進論者に共通することは、殺される側の恐怖、痛み、苦しみについて、思いを寄せないことです。そこに差別の恐ろしさがあります。

しかし、優生政策は、けっしてナチス特有のものではありません。優生政策としての断種法《だんしゅほう》は、1907年にアメリカのインディアナ州で成立し、1937年までに37の州で制定されます。ナチスは、この中のカリフォルニア州の法律を参考に、1933年に断種法を成立させました。断種法は、1920年代後半から30年代にかけて、カナダ、メキシコ、ヨーロッパに広がります。第二次大戦後も、アメリカやスウェーデンなどはこの政策を続け、日本は、優生保護法により断種政策を戦後に強化したのでした。

1935年にはイギリスで「任意的安楽死立法化協会」が設立され、38年にはアメリカで「安楽死の法律化のための全国協会」が設立されます。どちらも、「本人の意思《いし》」にもとづく「安楽死」の立法化を当面目指していましたが、その中心人物の中には、「障害者」の殺害もそこに含めることを肯定する人々がいました。

現在、断種法は出生前診断《しゅっしょうまえしんだん》に置き換わってきた、と考えることもできるでしょう。「尊厳死・安楽死」も広がりつつあります。ベネルクス三国の「積極的安楽死」、アメリカのオレゴン州に始まり州単位で広がりつつある医師による自殺ほう助、医療を一定の状態で打ち切って死なせる方法など、さまざまな形で世界的に広がっています。全世界で「脳死」と診断されて、いのちが奪われた人たちは、ナチスが殺した人々の数を上回ると言われます（*）。

ネット上では植松の「障害者」殺害を肯定する書き込みが行われており、その中には福祉施設の職員を名乗る人もいます。著名人としては、石原慎太郎《いしはらしんたろう》・元東京都知事も理解を示しています。1999年、都知事時代に府中《ふちゅう》療育《りょういく》センター（重度知的・身体障害者療育施設）を訪れた彼は、「ああいう人ってのは人格あるのかね。…ああいう問題って安楽死につながるんじゃないかという気がする」と発言していました。そして、津久井やまゆり園事件のあと、『文學界《ぶんがくかい》』2016年10月号において、「この間の、障害者を十九人殺した相模原《さがみはら》の事件。あれは僕、ある意味で分かるんですよ」と発言しています。

津久井やまゆり園事件の原因解明はなされていない

なぜ植松は、「障害者」を抹殺すべきであるという思想を持ち、その通りに行動したのか、この点をとらえることが事件の本質をつかむことであり、二度とこのような事件を起こさせないためには、この解明が核心であると思います。しかし、厚生労働省も神奈川県も、解明に向かおうとはしていません。

昨年（2016年）9月29日に、「骨格提言《こっかくていげん》」の完全実現を求める大フォーラム実行委員会（＊139ページ参照）は、厚労省と交渉を行いました。上述の疑問を厚労省にぶつけて返ってきた答えは、「容疑者の偏った考えがなぜ形成されたかについては、チーム（相模原市の障害者支援施設における事件の検証及び再発防止策検討チーム）の議論のなかでは明らかになっていない。今後の精神鑑定《せいしんかんてい》の結果を待つ」というものでした。津久井やまゆり園の労働環境が、彼に影響を与えたのではないかと考えた私たちは、植松の賃金などの労働条件、施設内の利用者と職員の関係、虐《ぎゃく》待《たい》があったかどうか、なども質問してみましたが、そもそも調べてもいないのです。

精神鑑定で人の考え方を調べる、という発言に、私は恐怖を覚えました。一切《いっさい》を「精神障害」のせいにしようとしてように思われたのです。植松に対して行われた5か月間の精神鑑定の結果は、今年（2017年）2月20日に発表されました。植松は「自己愛性パーソナリティ障害」で、刑事責任能力がある、とするものでした。「自己愛性パーソナリティ障害」と優生思想はまったく結びつきません。この結論から常識的に考えられることは、措置《そち》入院させたこと自体が間違っていた、ということにさえなるはずです。にもかかわらず、厚労省は、津久井やまゆり園事件の再発防止と称して、措置入院後の監視《かんし》体制をつくり上げるための法案を、同月28日に国会に提出したのです。

津久井やまゆり園について、福祉サービス第三者評価結果などを読んで、「重度重複《じゅうどちょうふく》障害をもった人等への援助にしっかりと取り組んでいること、地域生活支援にも取り組んでいること」などと評価する記述も見受けられますが、施設の中の実態を評価することは、こうした公式文書に頼ることはできません。２０１３年に、職員が利用者を蹴って殺した千葉県袖ケ浦《そでがうら》福祉センターでは、長い間、利用者に対する職員の虐待が行われていたにもかかわらず、第三者評価では、まったく問題なしとされてきたことが明らかになっています。

津久井やまゆり園の利用者が職員による虐待を相談支援事業所に訴えたという話や、県の直営時代に園の仕事を手伝った人が職員の暴言《ぼうげん》を見聞きしたなどの話、利用者の抑制に薬を使う例が多いのではなどの話も、ほかの施設でもよく聞くことではありますが、聞こえてきます。神奈川県自身が実態について、きちんと調査する責任があると思いますが、動く気配はありません。職員や関係者がぜひ、実態を語ってほしいものです。

さらに言えば、植松に切りつけられた利用者が、病院に運ばれるまでに5時間もかかった、と報じられています（『産経新聞』２０１6年7月29日）。なぜ、こんなことが起こったのか、もっと搬送《はんそう》が早ければ、助かった人はもっと多かったのではないか、とも想像されます。神奈川県の検証委員会の報告書でも、こうなった原因を解明しようとはしていません。

まだ解明されていないことが多い現状ですが、私は次の2点が津久井やまゆり園事件を引き起こした原因だと考えています。第一は、社会保障が国の財源の重荷となっているとの政府のキャンペーンと、著名人による「障害者」や高齢者のいのちを切り捨てるべきとの扇動《せんどう》。第二は、福祉施設における虐待の増加。第一が第二の原因となっていることも考えられます。

いのちの切り捨ての扇動

一昨年から昨年にかけて、「障害者」、高齢者などの命を切り捨てるべきであるとの著名人の発言が相次いで行われました。

２０１５年11月18日、長谷川智恵子《はせがわちえこ》茨城《いばらき》県教育委員は、県総合教育会議において、県の特別支援学校を見学した感想として、予算と人手がかかるので、「妊娠初期に（障害の有無が）もっとわかるようにできないでしょうか。４か月以降になるとおろせないですから」（『読売新聞』２０１５年11月19日）と出生前診断とこれにもとづく中絶《ちゅうぜつ》による抹殺《まっさつ》促進を提案しました。その後、全国から多くの批判を浴びて辞任しましたが。

高齢者のいのちを切り捨てるべきとの発言も相次いでいます。

『週刊ポスト』２０１６年2月12日号において、曽野綾子《そのあやこ》氏は、次のような発言を載せています。「間もなく団塊《だんかい》の世代が老人になって、それでも死なないでいると、どんなに国にお金があっても介護する人手がなくなる。そうすると老人世代を人為的に始末しなければならなくなる……」

麻生《あそう》財務大臣は、２０１６年6月17日に、北海道小樽《おたる》市で開かれた自民党支部大会で講演し、「90になって老後が心配とか、訳の分からないことを言っている人がテレビに出ていたけど、『お前いつまで生きているつもりだ』と思いながら見ていました」と発言。

津久井やまゆり園事件以後に行われた発言ですが、長谷川豊《はせがわゆたか》・元フジテレビアナウンサーは、２０１６年9月19日付の自身のブログで、「自業自得《じごうじとく》の人工透析《じんこうとうせき》患者なんて、全員実費負担にさせよ！　無理だと泣くならそのまま殺せ！　今のシステムは日本を亡ぼすだけだ!!」と記載しました。津久井やまゆり園事件以後、ますます発言が過激になっている印象を受けます。

このような発言の背景には、政府の社会保障削減のための扇動があります。

２０１２年8月に成立した社会保障制度改革推進法では、その第1条の中で、「国及び地方公共団体の財政状況が社会保障制度に係る負担の増大により悪化している」と記載し、景気刺激策や防衛費など他の支出は無視して、財政赤字の原因を社会保障にのみ負わせています。こうした政府側の論調はその後もあとを絶ちません。

また、「健康寿命《けんこうじゅみょう》」という言葉をつくり出し、「平均寿命と健康寿命との差は、日常生活に制限のある『不健康な期間』を意味」するとして、「今後、平均寿命の延伸《えいしん》に伴い、こうした健康寿命との差が拡大すれば、医療費や介護給付費の多くを消費する期間が増大することにな」るとしています（引用部分は、「平均寿命と健康寿命をみる２」厚生労働省ホームページより）。そして、上述の社会保障制度改革推進法や２０１３年12月に成立した「持続可能な社会保障制度の確立を図るための改革の推進に関する法律」においては、医療において尊厳ある人生の最終段階を、として「尊厳《そんげん》死《し》」を推進する条文が書き込まれます。

福祉施設の虐待増加と現場の意識

厚労省の発表によると、市区町村によって「障害福祉施設従事者等による障害者虐待」と認定された件数は、２０１３年度が２６３件、２０１４年度が３１１件、２０１５年度が３３９件、と増加しています（厚生労働省「都道府県・市区町村における障害者虐待事例への対応状況等（調査結果）」各年度版による）。

なぜ、このような事態になっているのか、確定的な分析は示されていません。職員の労働条件の悪さ、ということも考えられます。福祉労働全体が低賃金できつい労働であることは周知の事実でしょう。その福祉労働者の初任給は、厚労省の調査で、２０１５年6月調査に比べ、２０１６年6月の調査のほうが下がっている実態さえあります（『福祉新聞』２０１６年11月29日）。だから、職員を募集しても応募がなかなかない、というのが実情であり、そのことがますます労働をきついものとしています。

津久井やまゆり園では、夜は利用者20人に対して、職員は一人の体制でした。これでまともな介助ができるとは思えませんが、それでも民間施設に比べると、人員配置は手厚かった、という話も聞きます。２００５年に指定管理者制度に移されてからも、神奈川県からの補助金が出ており、その分体制を手厚くできたのでしょう。近年、この補助金が削減されてきたようですが。

虐待が増加しているのは、いのちの切り捨ての社会的扇動が福祉現場の労働者の意識をむしばんでいる結果かもしれません。『女も男も』№１２８で、認知症《にんちしょう》ケアワーカーでライターの白崎朝子《しらさきあさこ》氏は次のように記しています。

「相模原事件が起きてから3カ月経ったある日、私は介護施設で働く認知症支援者Dさんと、団塊《だんかい》世代の介護保障の厳しさについて話していました。すると彼女が『年寄りが早く死ねばいいのよ』と言い、私は絶句しました。彼女は、高齢者への社会保障は税金の無駄使いと思っていました。」

また、井上英夫《いのうえひでお》・金沢大学名誉教授は、『生きたかった―相模原障害者殺傷事件が問いかけるもの』（大月書店）の中で、餓死者などを出した現場を取材する中で、「各地の事件現場を訪れているが、いのちがどんどん軽いものになっていると痛感する」と述べられています。札幌《さっぽろ》市白石《しろいし》区において、１９８７年に母子家庭の母親が餓死《がし》した時には、「当時、行政職員は大あわて状態で、いわば血相《けっそう》を変えていた。福祉の現場にも『大変なことが起きた』『こんなことがあってはならない』という意識が当時はあった」そうです。「ところが二五年後、同じ白石区で姉妹の餓死事件があり、同じように真相究明のため調査に行ったが、若い四二歳と四〇歳の二人が亡くなったことに対する切実さが、行政幹部や職員からは感じられなかった。」と語られています。

事件を精神保健福祉法「改正」に利用

事件直後から塩崎《しおざき》厚労大臣も安倍《あべ》首相も、植松に措置入院歴があるということをもって、措置入院後の監視体制の強化のために動き出します。事件直後の8月10日からスタートした「相模原市の障害者支援施設における事件の検証及び再発防止策検討チーム」（以下、検証検討チーム）の論議も、措置入院後の問題に議論を集中させます。

検討委員は、病院や相模原市の対応を普通の対応だったと考えていたようですが、中間報告をつくる過程で、塩崎大臣などから、病院や相模原市の対応が不十分であり、制度についても見直しが必要である、との内容を盛り込むようにとの指示が出されたと言われます（逆巻《さかまき》さとる「政府情報に引きずられた相模原事件報道の問題点」『創《つくる》』２０１６年11月号）。こうして、9月14日に「中間とりまとめ」が、12月8日に最終報告が出されますが、措置入院後の監視体制の強化がその大部分を占め、ほかには施設の防犯体制が記述されたものでした。

津久井やまゆり園事件の発生以前から、厚労省では、2017年の通常国会において、精神保健福祉法を見直す準備を進めていました。「これからの精神保健医療福祉のあり方に関する検討会」（以下、在り方検討会）を立ち上げ、議論をしていたのです。ここに上述の検証検討チームの報告書が持ち込まれます。在り方検討会の委員たちからは、批判が相次ぎます。

そんな議論も終わらないうちに、厚労省は、見直し法案の「概要《がいよう》」をホームページに発表し、検証検討チーム報告書の内容で法案を準備していることを明らかにしました。法案を提出する前には、社会保障審議会・障害者部会の審議を必要とするはずなのですが、それさえまだ行われていない中でのことです。

その後、まとめられた在り方検討会の報告書には、措置入院制度改変に対する批判は、ほとんど盛り込まれていません。そして、社会保障審議会・障害者部会に在り方検討会の報告書を提示し、植松の精神鑑定結果などいっさい無視して、国会に法案を提出したのです。措置入院したすべての人に、退院後支援計画という退院後の監視体制を警察も交えてつくることが、津久井やまゆり園事件の再発防止だとするのです。

精神障害者への差別が助長される

こうした政府の動きは、「とんでもない事件を引き起こすのは、精神障害者だ」と差別を扇動しているようなものです。これにより、「精神障害者」の仲間は、不安な思いに駆られています。神奈川県で「精神障害者」を支援する事業所で働いている職員の方は、「地域包括《ほうかつ》支援センターの職員から『精神障害者を放っておいていいのか』という電話がかかってきたことがあります。同じ福祉に従事している人からそんな発言を聞くとは…」とショックを受けたと言います。

政府・与党の中に、事件を利用して、「精神障害者」への監視体制を強化しようとする人々がいることは確かでしょう。また、精神科医療の業界では、こうした政府の方針によって、政府の予算が精神科医療につぎ込まれることを期待している人々もいるのでしょう。

上述の検証検討チームの委員であり、また、精神保健福祉法の検討会の委員でもある平田豊明《ひらたとよあき》（千葉県精神科医療センター病院長）は、今年1月6日の検討会の場で、「この議論を通じて入院中の医療のあり方あるいは退院後の生活支援のあり方を全体に底上げしていくといいますか、水準向上させていくというふうな議論に結びつけるべきだろうと思います。」（「議事録」より）と発言しています。「精神障害者」への差別を煽《あお》りながら充実していく精神科医療とは、なんとグロテスクなことなのでしょうか。

他方、厚労省は施設の防犯体制の強化について2度、全国に通知を出し、神奈川県は17年度予算で、県立障害者施設の夜間体制強化を目的とした職員の増員に8900万円、民間施設の防犯カメラ設置補助などに2600万円をつけるとしています。しかし、職員や元職員が起こす犯行を防ぐことなどできるはずもありません。施設の隔離性のみが強められてしまうでしょう。

事件を繰り返させない！

神奈川県が津久井やまゆり園の現地建て替えを行い、大規模入所施設の再建を行おうとしたことに対して、神奈川県の「障害者」や福祉関係者が反対し、入所者の地域生活への移行を進める闘いが続いています。この動きに押されて神奈川県は、現地建て替え方針を見直さざるを得なくなっています。

「重度の障害者だから入所施設でしか生活できない」という発想は、そもそも論理的におかしいのです。重度訪問介護が適用されれば、1対1の介助が可能なのであって、入所施設の介助体制よりもはるかに充実することになります。グループホームでも、運営の仕方によって、入所施設よりも介助体制を充実させることができるはずです。そもそも、入所施設にいる人たちに対して、どのような介助があれば、地域生活が送れるのか、という検討こそきちんと行わなければならないはずです。

国会をめぐっては、精神保健福祉法改悪に対して、「精神障害者」を中心に反対行動が取り組まれています。この闘いは同時に、津久井やまゆり園事件とは何だったのかを改めて国会レベルで問い返す闘いでもあります。

私たちは、亡くなられた19人の方々をはじめとする被害者の方々に、2度とこのような事件は繰り返させないと誓ったはずです。この誓いを実行できるのは、私たち「障害者」と市民の力以外にはありません。

＊　小松美彦『生権力の歴史』青土社、2012年。

婚外子差別と障害者差別

優生思想

菅原和之●すがわら かずゆき

相模原《さがみはら》事件においてあらわになった優生思想《ゆうせいしそう》。それを蔓延《まんえん》させている社会背景の一つとして、自らの経験を踏まえ、婚外子《こんがいし》差別について述べます。

20歳代前半に、女性集会で「男は皆死ねばいい」、そして青い芝の会行動綱領《こうりょう》の「健全者《けんぜんしゃ》文明を否定する」という二つの言葉に、男であり健常者《けんじょうしゃ》である立場の者として受けた衝撃《しょうげき》を持ちながら、音楽関連の仕事などで約10年を過ごしたあと、現在のパートナーと婚姻《こんいん》届《とどけ》を出さずに事実婚での共同生活を始め、そして、2000年に自立生活センターHANDS《ハンズ》世田谷《せたがや》に介助者として登録しました。二つの言葉を受けてからの時間の中で、青い芝の言う「健全者文明」とフェミニズムのいう「男性優位社会」、レズビアン・ゲイ・スタディーズのいう「異性愛強制社会」は、一つの現代社会というものをそれぞれの側面からとらえた表現であるという考え方を持つようになっていました。

婚姻届を出さなかったのは、結婚するカップルの95%以上で、夫が戸籍《こせき》の筆頭者となり、女性が男性の氏《うじ》に変えさせられるという社会構造と、婚姻届を強制しようとする政治的圧力への違和感でした。

ただ、婚姻届を出さないことは、当事者双方が納得していれば、社会生活上の不都合はさほど大きくありません。しかし、出生届《しゅっしょうとどけ》については、婚姻届以上に深刻な問題があります。「父母との続き柄《がら》」欄において、子どもが「嫡出子《ちゃくしゅつし》」か「嫡出でない子」かの選別を、届出人である親に強制しているのです。「嫡出」という語は「正統」の意味を持ち、戦前の「家」制度で「家督《かとく》相続」する者として「嫡出子」は優遇されました。「家」制度は、女性にとっては「嫁《よめ》」として「嫡男《ちゃくなん》」を産むための「子産み機械」とされる制度でした。「両性の本質的平等」を謳《うた》う現憲法下で「家」制度は廃止され、「嫡出」概念の必要はなくなったはずでした。ところが国はこれを維持、民法の遺産相続で婚外子は「嫡出子」の2分の1という規定を存続させ、それは最高裁が違憲と判ずる2013年まで続きました。あたかも、婚外子の人間としての価値は、婚内子の半分だと言わんばかりの規定でした。

しかも、この相続差別を違憲と判じた最高裁決定に対して、与党自民党の当時の高市早苗《たかいちさなえ》政調会長は「ものすごく悔しい」と発言、自民党法務部会は「婚外子への格差をなくせば、法律で認める結婚制度が軽視されかねない、と指摘。伝統的な『夫婦』や『家族』が崩壊する、との懸念《けねん》を示した」と報じられました。自民党をはじめとするこの政治的な動きのために、相続差別撤廃の民法改正と同時に準備された、出生届に「嫡出」か否かの記載義務を撤廃する戸籍法改正案は廃案に追い込まれました。

「家」制度を現在にもつなげる仕掛けが、婚外子差別であり、出生届の「父母との続き柄」欄において「嫡出」か否かの記載を親に強制することは、きわめて象徴的な差別制度と言えます。

私とパートナーは、この出生登録差別を承服《しょうふく》できないと感じました。第二子が生まれたときに、この「続き柄」の記載を拒否。出生届不受理となり、約8年間にわたり、子どもは戸籍も住民票もない状態が続きました。

婚外子の出生登録差別の撤廃と子どもの住民票作成を求めて、2回にわたり裁判を提起しました。第一次訴訟の東京地裁では勝訴しましたが、結果的に2回とも最高裁で敗訴してしまいました。それでも裁判の過程で戸籍と住民票が作成され、最高裁判決では「届書に嫡出子又は嫡出でない子の別を記載することを届出人に義務付けることが、市町村長の事務処理上不可欠の要請とまではいえない」との判断を得ると同時に、補足意見で「戸籍法の規定を含む制度の在り方についてしかるべき見直しの検討が行われることが望まれる」との判断を得ました。

しかしながら、政治的圧力により、この出生登録差別が存続されていることは、前述のとおりです。

婚外子を差別する側の論理はどのようなものでしょうか？

明治政府は１８７３年「妻妾《さいしょう》以外の婦女」から生まれた子が「私生子《しせいし》」であると定義づけ、「私生子」の扶養を母親に課すと同時に、「私生子」は母の戸籍に入籍することを定めました（１８７３（明治６）年1月16日、太政官《だじょうかん》第21号布告）。そしてその理由はというと概ね「私生子の出生は、倫理を乱すのみならず、戸籍上の猥雑《わいざつ》を招くので、私生子については、父親に関係なく、母の戸籍に入籍し母に扶養の義務を課すことによって、母に反省の意を促し、悪弊《あくへい》である私生子の出生を防止するため」というものでした（１８７６（明治9）年12月26日内務省伺）。

「家」制度が否定され、「両性の本質的平等」を定めた憲法下にある現在においても、日本の婚外子出生率は2％前後と国際的にみてきわめて低いものです（２００8年のデータでは（イタリアは２００7年）、スウェーデン54・7％、フランス52・6％、アメリカ40・6％、ドイツ32・1％、イタリア17・7％、日本2・1％）（*）。このことは、日本の場合は、婚外子は出生前に人工妊娠中絶《じんこうにんしんちゅうぜつ》等によって生まれなくされていることを物語っています。「私生子の出生の防止」という考え方は現在でも消えていないのです。

「悪弊である私生子の出生を防止するため」という考え方は、旧優生保護法《ゆうせいほごほう》の目的である第1条の「不良な子孫の出生を防止する」という考え方に酷似《こくじ》していると思えます。

優生保護法が１９９６年に母体保護法に改正され、「不良な子孫の出生の防止」という目的条項をはじめ、優生条項は撤廃されました。しかし、妊婦の血液で胎児の染色体《せんしょくたい》異常を調べる新型出生前診断が開始から3年半（２０１3年4月から２０１6年9月まで）の集計によると、新型出生前診断を受けた3万７５０６人のうち、陽性と判定された人の94％にあたる４７６人が人工妊娠中絶を行ったと報じられています。

そして２０１7年2月現在、体外受精でできた受精卵の染色体の異常を検査し、正常なものだけを子宮に戻す「着床前《ちゃくしょうぜん》スクリーニング」が、国内で開始されるという報道が流れています。

婚外子の出生率が低いこと、すなわち生まれることがかなわなかったこと。障害があることが分かった胎児が生まれることができないこと。これは、「生む・生まないは女が決める」としたリプロダクティブ・ライツ／ヘルスを女性たちが正当に行使した結果なのでしょうか？　否《いな》、断じてそうではありません。

前述の自民党法務部会では、「正妻の子と愛人の子を同等にしていいのか」などというヘイトスピーチさながらの発言も出たと報じられました。婚外子は「男性優位社会」に、障害を持つ胎児は「健全者文明」によって抹殺《まっさつ》されていくのではないでしょうか。現代の日本社会は障害児と婚外子を「おめでとう」と祝福せず、「出生の防止」をし続けています。

子どもは出生前に染色体の「正常」と「異常」に、出生届で「嫡出子」と「嫡出でない子」に、就学時健診で「健常児」と「障害児」に選別され続けられます。

このような状況の中で、相模原事件は起こりました。

加害者は、起訴され、裁判が始まります。このような事件がなぜ起こってしまったのか？　単に加害者個人の気質の追及に終始することなく、社会的背景も含めて裁判の中で明らかにされる必要があります。この裁判は加害者を裁くと同時に、私たちが構成する社会をも裁くものでなければならないと思います。

優生思想が蔓延し、ヘイトスピーチが響き渡る社会の中でも、それに抗《あらが》う力は着実に成果を上げてきました。女性運動と障害者運動の共闘は、優生保護法にも母体保護法にも「胎児条項」を入れることを阻止してきました。いくたびの敗訴にもかかわらず、何人もの原告によって争われた婚外子の相続差別も２０１３年、ついに最高裁の違憲判断を得て撤廃されました。そして、障害者権利条約は、障害を持つ人たちが、「他の者」＝障害のない人たちと平等の権利を有する主体であることを宣言したのです。

轟《とどろ》くヘイトに脅《おび》えひるんでも、小さくても抗い、共に闘う意志を持ち続けるならば、未来はあると考えます。障害者運動と併走しながら、みずからも当事者性を獲得するべく、これからの時間を使っていきたいと思います。

＊　EUROSTAT Fertility indicators、厚生労働省「人口動態統計」、米国商務省資料による。

地域生活を支える

福祉労働者として　やまゆり園事件を考える

佐藤　孝●さとう　たかし

私は、学生時代は青い芝の会神奈川県連合会の横田《よこた》弘《ひろし》氏の介助者でした。その後、「障害児」の普通学級入級運動や東京都B区のMさんという方の介助者をやりながら、職業としても、ずっと、障害者にかかわる福祉労働者として生きてきました（正確に言うと、職場に組合結成→不当解雇で職を離れざるをえなかった時期はありましたが）。

今は、NPOの理事で作業所の所長ですから、福祉事業者といったほうが正確なのかもしれませんが、魔法陣《まほうじん》（*）という小さな作業所のおかげで、57歳のいまも現場を離れてはいません。

事件を聞いて直後に思ったこと

津久井《つくい》やまゆり園事件のことは、事件の当日の朝、ニュースで知りました。出勤前のことで慌ただしくて「ん？　なんだ？　よくわからないな…」という感じで家を出ました。しかし、職場から帰宅して、殺害者がその施設の元職員であり、なおかつ、措置《そち》入院経験者だと知り、「大変なことが起きた」と思いました。本書に原稿を寄せている古賀《こが》さんに、急ぎ電話をかけたことを覚えています。

翌日の朝、職場の朝のミーティングで、この事件に関し「自分たちも今一度、気持ちや考えを引きしめなおしていかなければならない」と発言しました。その時、ほかの職員がこの発言をどう受け取ったのかはわかりません。

その後、「骨格提言《こっかくていげん》」の完全実現を求める大フォーラム（＊139ページ参照）から当事件に関する意見を集約したいとの連絡があり、自分の考えを整理してメールを同団体に送りました。

ⅰ．今回の事件を、特異な気質をもった人の犯行としていいのか。「障害者殺しの思想」はある意味、権力等にとっては「異常」どころではなく「常識」と、我々は今一度据《す》え切るべきと考える。

ⅱ．精神障害者に対する管理が強化されるのではないか。

ⅲ．入所施設の管理強化がなされるのではないか。

ⅳ．殺害者がその施設の福祉労働者であったことを見過ごしてはならない。職場全体の利用者に対する姿勢はどうだったのだろうか。福祉労働者は自らのこととしてこの事件をとらえなければならない。

ⅱとⅲに関しては、ほかの方々にゆずり、わたしは、第1に、「ⅳ．福祉労働者として本事件をどうとらえるか」について、第2に、国をはじめとする行政は、障害者権利条約との関係からか「入所から地域へ」と建前《たてまえ》上はいうが、その実際は逆の方向にあるのではないか、の2点について、実経験から述べていきたいと思います（もっとも精神病院の病棟転換型居住系施設や今回の精神保健福祉法改悪―「重度かつ慢性」等の概念は、行政の上記の主張がまやかしであること、否《いな》、建前すらも捨てたと言わざるを得ませんが。これはⅰと密接な問題だと思います。）

福祉労働者として事件をどうとらえるか

全国「精神病」者集団の山本眞理《やまもとまり》さんが言っていましたが、U被告がなぜこのような虐殺《ぎゃくさつ》事件を起こしたのか、本人と話してみないことにはわかりません。彼の言動も断片的にしか私には届きません。ただ、事件後初期に報道された以下の言動がひっかかりました。

ア．「思い通りにならない」という友人への発言。

イ．やまゆり園に就職した時の、職場での「右も左もわからないので先輩たちの仕事を見て頑張っていきたい」という趣旨のあいさつ。

ア．について、虐待《ぎゃくたい》事件を起こした職員は、必ずと言っていいほど「利用者が言うことをきかなかったので」と言います。イ．については、私の経験では、新人職員のあいさつはたいていの場合「利用者さんと仲良く…」とか「好かれる職員に…」とか、建前の上でも利用者中心のあいさつが多いです。もちろん、上記の発言のほかにそういうあいさつもあったのかもしれません。それでもひっかかります。

正直言って、障害者の福祉職で優秀な職員とみなされるのは、利用者に「言うことをよくきかせられる」職員です（作業所などでは、最近は、利用者工賃をどれだけ上げられたかとか、どれだけ一般就労させられたか、なども加わりましたが）。このような職員は、事業者からの要請だけではなく、同じ職場の職員達からもリスペクトされます。

それで、利用者が言うことをきいてくれないと、職員はフラストレーションがたまります。で、「うまくいかない」のを利用者に転嫁《てんか》し、本人の意思《いし》を無視したり、虐待に走ります。上司や行政からはスキルが足りないとか言われます。

「スキル」……？　人と人との付き合いに「スキル」？　なんとも味気ない言葉ですね。「スキル」じゃなくて、そもそも「利用者」を管理の対象とすることが問題の根源ではないのでしょうか。というよりも、行政や社会が福祉労働者に要請していることは、障害者への「支援」ではなく「管理」ではないかと思います。

私たち福祉労働者は、どちらの立場に立つのかが常に問われているのです。そのままでは「管理」の立場に立ってしまうのです。

では、障害者、利用者の立場に立つとは、具体的にはどういうことなのか。

明解に答えることはむずかしいのですが、「そのままでは『管理』の立場に立ってしまう」ということをまず自覚し、当事者の運動に加わるなどして、常にその声や批判を受けていき、常に自らの検証を怠《おこた》らないことからしか始まらないと思います。私たちは「障害者」を今まで排除し続けてきたのですから、ことはそんなに簡単ではないのだと思います。

私は、U被告を自分とは大いに異なる人とは思えませんでした。もしかしたら、自分の延長上にいるのではないかと思いました。止《や》むことなく起こる、施設における虐待事件と本件を切り離して考えるべきではないと私は思います。今回の事件は、その意図性、計画性、確信性において、他の虐待事件とは異なりますし、突出していますが。

昨年（２０１６年）12月、魔法陣では、本事件をテーマに公開で虐待防止研修を行いました。職員の一人からは「やまゆり園事件は遠い感じを持ってしまう」という感想がありました。しかしながら、日々の利用者への接し方、その積み重ねが、利用者への蔑視《べっし》をつくり上げ、排外主義的な思潮と結びついたとき、今回のような驚くべき事件が起こると思います。事件はとても非日常的なことと思えるのですが、実は日常とつながっていると考えます。

「入所から地域へ」というが、実際は逆の方向に

第２について、述べたいと思います。

障害者が地域で生きられないのは、施策が不十分ということでしょうか。もちろんそうなのですが、わたしは、行政等の本音《ほんね》は相変わらず隔離《かくり》収容《しゅうよう》主義なのではないかと考えています。そのような事例を魔法陣で経験しています。

魔法陣の利用者でお母さんと暮らしていた方がいましたが、お母さんが急逝《きゅうせい》されました。魔法陣では職員総動員でその方の在住区と魔法陣のある東京都杉並区周辺のグループホームに電話をかけまくり、その結果、「明日から来てもいいよ」というグループホームを在住区の近隣の区に見つけました。ところが、在住区の行政とグループホーム所在区の行政から横やりが入り、利用者の親族の方を「説得」し、遠く四国の入所施設に入れてしまいました。

サービス等利用計画が障害福祉サービスの支給要件となり、支援事業者等の合同ケース会議の開催が義務化されました。同会議には、杉並区福祉行政も出席します。行政で「行動障害」など「困難ケース」の話になると、必ず出てくる言葉が「入所施設」、「専門施設」、「精神病院の受診」です。困難な中、どうやって地域での生活をつくり上げるのかという発想がまるでうかがえません。

こう言うと、杉並区は「それは１事例における１担当相談員の考えであり、杉並区福祉行政全体の見解ではない」とおそらく答えるでしょうが。さらに、支援事業者側もこうした意見に賛成することが多々あります。

「行動障害」等の方は、制度上はグループホームに入ることができますが、実態はこうした方をホーム側が受け入れないということが多々あります。グループ

ホームの職員配置基準や報酬単価が低く、4〜5人を一人の世話人が支援する体制だからです。

建前上は、行政は「地域で」と言いますが、彼らが言う「地域で暮らせる障害者」は、ほんの一握《ひとにぎ》りに限られているのではないかと私は感じざるを得ません。そして、支援事業者側でも、それが空気のように当たり前になっているのではないかと思います。現状は、「地域で生きる」ことは何ら保障されていないと感じます。

事件の本当の解決にむけて

本事件は、以上の、行政、福祉労働者・事業者、社会全体の意識や在り方と、現在、世界中で起こっている差別排外主義思潮がU被告という福祉労働者の中で結びついたとき起こった事件だと私は考えます。

したがって、この事件を契機とした精神保健福祉法「改正」は、事件とはまったく関係ないものであり、本事件を奇貨《きか》としてする所作《しょさ》としか思えません。

また、この事件を契機に、各施設には「防犯体制の強化」が厚労省より通知されています。しかし、本事件は、見知らぬ「不審者《ふしんしゃ》」が起こしたものではありません。園の利用者、職員全員がよく知っている元職員が起こしたものです。まったく無意味な通知です。

検証すべきは、行政の施策、津久井やまゆり園の運営方針、同園職員の意識です。なにゆえ園職員がこのような事件を起こしたのか。このことを問わずして事件の解明と再発防止はありません。

私たち福祉労働者は、日々、自らの行いや考えを振り返ることを怠ったとたんに、自らも気がつかぬまま、支援者から管理者へ、ひいては虐待者へ転落することを自覚すること。制度をどう運用するかについても自分たちの仕事の領域外とは考えず、当事者と共に取り組んでいくこと。それが今回の事件で失われた尊い命への、私たちの最低限の責務であると考えます。

＊　魔法陣は、障害児の普通学級入級運動をしてきた親の団体「杉並・中野保育教育を考える会」を母体とした作業所。現在、利用者は全員が「愛の手帳」（東京都における知的障害者手帳）取得者である。

ヘイトクライムの時代の地域自立生活支援

宮﨑　一　●みやざき　はじめ

地域で生活する重度の知的当事者

神奈川県相模原《さがみはら》市で、２０１６年7月26日に起きた「障害者」大量殺傷事件。その舞台になった「津久井《つくい》やまゆり園」の現地再建方針をめぐる議論の中で、入所者の親が語った次の言葉に、とても残念な気持になりました。

「近くに置いておきたかったが、思春期《ししゅんき》以降は手に負えなかった。地域で暮らせない重い障害の子もいる」（『東京新聞』２０１７年2月20日）。

この親の方が大変な思いをしたことは事実なのでしょうが、その大変さを軽減しながら地域で生活する手立ては、ないわけではありません。知的な面で社会的に重いハンディを持たされてしまった人たち（ここでは「知的当事者」と表現しておきます）が、入所施設ではなく、介助者をつけて地域で自立生活をしている例は、少数ながらあります。その具体例を知っていれば、この親の方もまた違った考えを持っただろうにと思うと、とても残念です。

東京都世田谷《せたがや》区で活動している「ガチャバンともに生きる会」（＊）も、その数少ない例の中の一つです。この親の方が言う「手に負えない」というのがどのような状態なのか、ガチャバンで付き合っている当事者の姿から想像してみます。

いま（２０１７年夏）、ガチャバンが生活支援に入っている方は、知的当事者を中心に9名です。そのうち4名は、地域でアパートを借りて介助者を入れながらの単身生活。4名のうち1名は脳性《のうせい》マヒもあり、完全

24時間の介助体制を組んでいます。2名は、昼間、事業所に通って、夜にガチャバンが泊り介助に入るパターン。あとの1名は、昼間、事業所に通い、朝と夜の食事および掃除に介助が入って、夜寝るのは独《ひと》りという生活です。

当然のことながら、皆さんそれぞれの個性を持っています。

Aさん（40代）は、言葉を持たない上に、感情をあまり外に表しません。それなので、まず何をどのように感じているのかをこちらが知るのが難しい。一緒に外食をした時にAさんが何を食べたいのかがわからない、というような基本レベルから頭を悩ませています。ストレスをためている時、その原因が何かを見きわめるのに苦労します。

Bさん（50代）は性格がすごく明るいのだけれど、ちょっとしたきっかけで怒りの感情にスイッチが入りやすい方。介助者を忌避《きひ》することも多く、そのたびに「関係修復作業」に周りは追われます。

Cさん（40代）は脳性マヒの知的当事者。マイペースで介助者付単身生活を楽しんでいるように見えます。ただ、言葉を持たない上に穏やかな性格、そして顔なじみの介助者だけとの生活をずっと続けているため、Cさん自身がどのような生活を望んでいるのかが見えなくなっていることを感じます。健康面での不調を読み取ることも難しいです。

Dさん（50代）は、行動的で、近所の人にも積極的に近づいていくのだけれど、そのコミュニケーションの取り方が一般的な方法とは異なるので、軋轢《あつれき》を起こすこともあり、本人はつらい思いをしています。

「手に負えない」の先にあるもの

このように皆それぞれに個性的ですから、振り回されることも多いわけです。「わがまま言わないでよ（周りがこんなに困っているのに）」と苛立《いらだ》つことも、少なくありません。まさに、このやまゆり園の親の方がいうように「手に負えない」と感じることもあるわけです。ただ、そのような感情を持ったとしても、地域の中で生活することで、そこからの出口が見えることがあるように思います。

上記Dさんは、行動的なだけに、近所の人に自らつながりを求めていく機会も増えます。人懐《ひとなつ》こい性格なのですが、残念ながら、その人懐こさが相手にはそのように伝わらないきらいがあります。

Dさんがいつも通る道に、近所の子どもたちの登園バス待ち合わせ場所があります。毎朝、子どもと母親がそこでバスを待っているわけですが、Dさんはそこにいる親子と親しくなりたいと考えました。

「おはようございます」と声をかけます。しかし、Dさんは声が大きく、いきなりあいさつをされた相手には威圧《いあつてき》的に聞こえてしまいます。驚いた相手が黙っていたり、返事の声が小さかったりすると、Dさんはさらに大きなあいさつの声をぶつけます。子どもは驚くばかりで固まってしまうわけです。さらに、母親には握手《あくしゅ》を求めます。Dさんなりの親しみの表現なのですが、今の社会の一般常識では相手の女性はそのようにはとりません。

結果、待ち合わせ場所にいる親子は、Dさんを避けるようになります。納得できないDさんは、夜に親子の自宅に行ってチャイムを鳴らして「返事してください」「あいさつしてください」と迫るわけです。

これが地域で問題になったことがありました。地区の民生委員や区の障害福祉部局を通じてガチャバンに話があって、私たちは初めてそのような問題が起こっていることを知ることになりました。さっそく、その近所の方・民生委員・区障害福祉部局担当者とガチャバンで話し合いの場を持ちました。きびしい叱責《しっせき》を受けることを覚悟して臨んだ私たちでしたが、話し合いは意外な方向にいきました。

子どもが不安になるようなことを避けるための対処を求められたのは当然のことですが、私たちが意外に思ったのは、その近所の方の次の言葉です。「この件がきっかけになってDさんの行動が狭《せば》まってしまうことは望まない」。地域の中で人付き合いを広げたいというDさんの気持と、それを支援しているガチャバンの取り組みを理解した上での言葉でした。予想していなかった言葉に、私たちは胸をなでおろすとともに、とても深い感銘《かんめい》を受けました。

その方は、近所で暮らすDさんには地域で生きる上での社会的なハンディがあること、それを支えるために支援者が付いて日常生活を支えていること、それをきちんと理解し肯定的に考えてくれていたのです。

そして、そのような状況をつくったのは、私たち支援者ではありません（私たちが近所の人たちに直接語りかけることはほとんどありませんから）。Dさん自身なのです。

Dさん自身が、毎日、地域の中で散歩をし、買い物をし、銭湯《せんとう》に行く……その姿を見る中で、近所の方はDさんの立場を自然に理解していったのです。この日の話し合いでは、民生委員の「地域のほかの親の方にも、Dさんのことを知ってもらう手だてを考えられたらいいですね」という言葉に、皆が賛同して会合を終えました。

「手に負えない」と感じたとしても、それはもしかしたら支援者や家族だけかもしれない。当事者にあまりに密着しすぎているから、そのように感じるだけかもしれない。周囲の人はもう少し余裕があって、その人たちと一緒に考えることで解決の方策が出てくるのではないか。改めて思います。

そしてそれは、入所施設の中にいてはできません。施設の中にいたら、その狭い空間の中で「手に負えない人」のまま生きていくしかないのではないか。やまゆり園の親の方には、そのことを考えてもらいたいと思います。

地域生活は危険と隣り合わせ

「通りすがりに暴言《ぼうげん》を吐かれるのはしょっちゅう」「（車イスで電車に乗っていたら）『こういうのを生かしておいてはいけない』と吐き捨てるように言われた」「故意《こい》に物をぶつけられたり、車イスの車輪部分に傘を差し込まれて動けなくされた」……地域で「障害者」が嫌がらせや暴力にさらされているという実例です（『東京新聞』２０１６年7月28日）。

これらは相模原市の大量殺傷事件の前のことです。地域も決して安全なところではないのです。

Dさんも、一時期、地域住民から執拗《しつよう》ないやがらせを受けていたことがあります。

Dさんが何十年も前から顔なじみの喫茶店《きっさてん》がありますす。Dさんは、親しい人に電話をかけまくる癖がありますす。同じ人に、多い時には1日10回以上も電話をかけるのです。電話に相手が出ることで、その人とのつながりを確認しているようなのですが、この喫茶店もそんな相手の一つです。しかし、喫茶店は忙しいことも多く、困惑《こんわく》させられているという面もありました。

そうしたところ、この喫茶店の常連客《じょうれんきゃく》の一人が「実《じつ》力行使《りょくこうし》」に出ました。喫茶店の電話をDさんからの通話を着信拒否にします。また、Dさんがどのような支援を受けているのかを区役所にわざわざ問い合わせます。支援者に文句を言いたかったのかもしれません。そして、どこから聞いたのか、Dさんの携帯電話の番号を調べて無言《むごん》電話をかけるようになったのです。店では「今度（Dさんが）来たら、俺が追い返す」と息巻いていたといいます。さいわいなことに、Dさんとこの常連客が直接接触する機会はなく、ことなきを得ましたが、地域には先ほどの親の方のような人ばかりではなく、このように敵意を持った人がいるということを改めて認識させられました。

支援者にとってのやまゆり園事件

Dさんがこの喫茶店に行った時に、この常連客と出会って「出て行け！」と怒鳴られたとします。その時に、隣にいる私たち支援者は、もめ事にならないようにその場を離れようとするのか。そののちも、その喫茶店には近づかないようにDさんを説得するのか。喫茶店に近づかなければ、Dさんは平穏《へいおん》に暮らせるでしょう。しかし、それでいいのでしょうか？　生活の幅が狭まるばかりです。

街で排除や暴力に直面した時に、支援者はどのように行動するのか。それを極限的な形で私たちに突きつけたのが、やまゆり園事件でした。

当日、園の中にいた複数の職員は、植松《うえまつ》被告を抑えることができなかったのでしょうか。自分が現場にいたらどれだけのことができたか、自信はありません。しかし、刃物を持っていたとはいえ、複数の職員は本当に何もできなかったのか。すぐ近くに鉄パイプの折りたたみイスくらいはあったはずです。それを持って犯人のそばで大声で騒ぐくらいのことができれば、わずか1時間の間に19人が殺され27人が負傷させられるという大惨事《だいさんじ》にはならなかったのではないでしょうか。

やまゆり園の事件のあと、全国の施設では防犯対策の強化が図られているようです。一方、地域のアパートで暮らす「障害者」が住まいの守りを固めるのには、限界があります。それに街を歩いている時の暴力事件は、こちらからは避けようがありません。その場合に当事者の安全を確保するのは、ひとえに支援者の対応にかかっているわけです。目の前で暴力事件に直面した時に、最低限の身体的抵抗ができるようにはなりたいと思います。

さらに支援者として考えざるをえないこと。植松被告が事件の3か月前までやまゆり園の職員であったこと、しかも在職中から「障害者は消してやろうか」と公言していたこと。そして、園で仕事をする中で「障害者は死ぬべき」という考えを持ったこと。それらのことに私は、支援者として激しい衝撃《しょうげき》を受けました。ハンディのある人と実際に接する中で「障害」や差別への認識を深めていける、差別をなくして共に生きる生活を当事者とともにつくっていけると私たちは考えてきましたし、ガチャバンもそれを基本に据えて活動しています。しかし、そのような「性善説《せいぜんせつ》」の人間観ではやっていけないのではないかとさえ思わされます。

職場から植松被告のような人間が出てきた原因を、施設の劣悪な労働条件に求める見方もあります。労働条件の悪さは、地域の支援団体も同じです。ガチャバンも「反差別・反隔離《かくり》・反能力主義」の理念を掲げて支援に取り組んではいても、支援者の労働条件は自慢できるものではありません。おそらくどこの支援団体も同じでしょう。

私たちは知的当事者の毎日の支援活動の中で、「自分で気がつかずに差別していないか」「自分で気がつかずに虐待《ぎゃくたい》をしていないか」を自己検証しながら取り組むようにしています。自分たちが能力主義と分離主義の教育を受けてきたこと、私たちが暮らしている社会が資本主義の競争原理に支配されていることを考えれば、支援者自身に差別的・能力主義的な感覚が染《し》みついていることを恐れるからです。

植松被告は、そんな私たちにとんでもない課題を突きつけているように感じます。「俺はお前たちの中から出てきたのだぞ。どうする?」。

ヘイト社会の中で

この事件をきっかけにして、優生思想《ゆうせいしそう》を問うことが社会的な課題になっています。私は、今回の事件でいちばん考えなければいけないのは、優生思想が単に「思想」にとどまらず、実践である「ヘイトクライム」(社会的多数者による社会的少数者への差別思想にもとづく犯罪行為)として立ち現れたことだと思います。ヘイトクライムとこれからどのように闘っていくのかが問われているのだと思います。

差別が公然とした暴力として街中に現れ始めたのが、2008年ころからです。「行動する保守」を自称するグループが、日本で暮らす外国人の居住地域に対して「外国人排斥《はいせき》」を掲げるデモ行進を始めるようになりました。ニューカマーの韓国人《かんこくじん》や在日《ざいにち》コリアンの集住地区である東京の新大久保《しんおおくぼ》地域では、日の丸を乱立させた数十人のグループが、コリアンの人たちの店が並ぶ路地裏《ろじうら》の商店街にまで入り込んで、「ぶっ殺す」「日本から出て行け」などとスピーカーでがなり立てるというひどい光景が繰り返されたのです。

多くの人々のカウンター闘争(抗議行動)で一時よりは下火になっていますが、全国各地で同じような排外主義のデモや街頭宣伝《がいとうせんでん》は続いています。政府も自治体も、一部の地域を除いては、これらを規制することはしません。「差別はしてはいけない」という一定の社会規範が崩れてしまったのです。さらに、現職の大臣が「(高齢者は)いつまで生きているつもりか」と発言しても、また、著名な元テレビアナウンサーが「金のかかる人工透析《じんこうとうせき》患者は全額自己負担にしろ。払えないなら殺せ」と発言しても、社会的な責任を問われず平然と居直っていられる時代に入ってしまいました。

植松被告は、そのような状況の中から出てきたのです。2008年以前だったら、彼も内心では自らの優生思想を自覚したとしても、ヘイトクライムまでには踏み込まなかったのではないでしょうか。地域の中から第二、第三の植松被告が現れる可能性が充分あるということです。今度は入所施設ではなく、地域の自立生活の場で、同じようなヘイトクライムが起こることもありうるということです。

このように考えると、地域において当事者の生活と尊厳を守る取り組みは、ヘイトをなくす取り組みに自然と連なっていきます。やまゆり園事件が起きた時に、真先に抗議の声を上げたのは、在日コリアンの人たちでした。これはヘイトクライムだとして糾弾《きゅうだん》のメッセージをすぐに発信しました。日ごろからヘイトの脅威《きょうい》にさらされているがゆえの、すばやい連帯のメッセージでした。

地域には、Dさんの立場を理解した近所の方のような人たちがいます。当事者が地域で暮らすことで、そのような理解者は増えるでしょう。一方、植松被告のような人間も地域には潜《ひそ》んでいるはずです。今の社会がヘイト社会である限り、そのような人間は増えることはあってもゼロになることはないでしょう。当事者が地域に定着すれば、優生思想の持ち主と接触する危険性が増えるわけで、ヘイトクライムが生じる危険性も高くなります。

そのような危険性を可能な限り低くしていくことが、支援者の大きな役割です。優生思想は、「健常者《けんじょうしゃ》」社会が産み出した思想です。「健常者」という社会的多数者（マジョリティ）が「障害者」という社会的少数者（マイノリティ）を排除しようとする思想です。そうであれば、優生思想をなくす闘いは、マジョリティである支援者が第一義的に担わなければいけないことがらです。

「知的当事者」が地域で尊厳《そんげん》を持って生活することができるかどうかは、支援者がヘイト社会をどれだけ変えていけるかにかかっている。そのことを強く思います。

＊　ガチャバンともに生きる会は、東京都世田谷区で活動している。普通学級入級運動の当事者が成人するとともに、自然の流れで地域で自立生活ができるようにと支援を始めた。普通学級入級運動の時代からだと、１９７０年代末からになる。反差別・反隔離《かくり》・反能力主義を基本的な考え方にして、「障害」当事者の地域での自立生活支援に取り組んでいる。

何が暴力を振るわせるのか？

障害者介助と暴力の構造

高橋慎一 ●たかはし しんいち

事件と暴力

この文章では、わたしなりに障害者介助と暴力について考えたい。非暴力の試みはどのようにして可能なのか。

まずは、簡単な自己紹介をしたい。わたしは、2005年ころから脳性《のうせい》マヒ当事者のグループ・青い芝の会の障害者のボランティア介助者になった。そして2007年ころから京都で、障害当事者の権利擁護団体・CIL（自立生活センター）の登録介助者になった。いまはCILの非常勤介助職員として働いている。どちらかというとハードな介助現場といわれるところで、辛抱《しんぼう》強くあり続けてきた気がしている。2008年には抑《よく》うつ症状が出て休職した。2010年には長時間労働で体を壊しかけたこともある。介助労働者としてハードに働いた時期もあった。この文章のテーマである、暴力の場面にも遭遇《そうぐう》してきた。自らが虐待《ぎゃくたい》の加害者になる恐怖を感じてきた。ほとんど毎日、自分は介助に向いていないと思っている。それでもまだ介助者を続けている。これからもできたら続けたいと思っている。障害者介助と暴力についてどのように考えたらよいのか。いまも渦中《かちゅう》にある。

きっかけは2017年2月、津久井《つくい》やまゆり園の事件をとりあげた京都でのシンポジウムだった。ピープルファースト京都（＊22ページ参照）の人たち、障害者当事者の全国団体・DPI《ディーピーアイ》日本会議の尾上浩二《おのうえこうじ》さん、東京で追悼集会《ついとうしゅうかい》を呼びかけた熊谷晋一郎《くまがいしんいちろう》さん、施設職員、障害者家族、いろんな人が集まった。2016年8月の東京大学における追悼《ついとう》集会、9月のピープルファースト横浜大会と同じく、事件に衝撃《しょうげき》を受けて日常を壊された障害者たちの回復の場でもあった。

　熊谷晋一郎さんは、事件後に今まで積み重ねてきたものが崩れ去ってしまったと感じたと言っている。逮捕された加害者は介助経験者だった。熊谷さんは、1970年代から日本の障害者運動は介助者を手足とすることで障害者の自己決定を守ってきたという。その蓄積が壊れ、介助者・健常者《けんじょうしゃ》による圧倒的な暴力にさらされるという不安が表出した。京都のシンポジウムでは、日常のなかで障害者・健常者が、お互いに暴力の加害者・被害者にならない方法が模索された。

　2016年7月26日の事件以降、わたしも報道と運動に触れていた。でもなるべく触れないようにしてきた。事件が起こると、社会は動く。社会がよからぬ方向に動くとしたら、方向を変える運動が必要になる。障害者・介助者の先輩・仲間たちが発言を続ける姿をたのもしく思う一方で、わたしは失語《しつご》状態が続いた。信頼する介助者が似た感覚をもっていると知った時、自分だけではなかったのだと救われた気がした。

　きっと事件はわたしのなかにある加害者としての傷を打った。暴力がいけないということは簡単である。だが、加害者や被害者になる苦しさをもったことのない人の言葉には力を感じない。わたしも暴力と向き合うことから、その先に何かを見出したいという気持ちがある。ここでわたしは、介助者が暴力の加害者という立場におかれた経験を書きたい。障害者介助現場の暴力の構造を分析してみたい。

介助と力関係

　ある障害者の言葉が耳元《みみもと》に残っている。「これが障害者なんだ。健常者を介助者として金で買って、おさえつけて、それでも対等になれるかなれないかなんだ」。わたしはこの言葉が、障害者介助の制度の一側面を言い当てていると考えるようになった。障害者が介助者を貨幣で買い、かろうじて対等になれるかなれないかという仕組み。

　対等とは何か。障害者と健常者は力関係において等しくない。

　まず単純に、物理的に重度の障害者は健常者・介助者を傷つけることが難しいが、健常者・介助者は障害者を傷つけることができる。もちろん障害者が、噛《か》む、殴《なぐ》る、蹴《け》る、電動車いすで轢《ひ》くなどもできる。しかし、健常者が意図的に暴力を行使すれば、暴力においてその非対称性は圧倒的である。

次に、関係性を維持する必要性がまったく異なる。介助が必要な障害者は介助者なしには生活できないので、介助者との関係からは逃げられない。他方で、介助者は転職することで障害者から離れて生計を立てることができる。労働時間以外の介助に従事していない時間は、介助から離れることができる。

また、この社会のデザインにおいて障害者は介助者と非対称である。この社会は健常者の利害を中心にデザインされている。路上、店、学校、病院、遊戯《ゆうぎ》施設、葬儀《そうぎ》場、結婚式場、公共施設など。健常者は学校に行き、仕事をし、家族をつくり、子どもをつくり、貯蓄をし、家を買う、といったライフコースに開かれている。障害者は学校から排除《はいじょ》され、職場から排除され、年金所得を低く抑えられるなど、ライフコースが制約されている。その結果、健常者社会での経験の差が大きいと、介助の場面で、障害者が健常者から支配的な関わりを受ける場合もある。障害者と介助者は力関係が対等ではない。

障害者運動は、地域生活を保障するために介助を制度化してきた（＊1）。地方自治体水準の全身性障害者介護人派遣制度などからはじまり、公的介護保障のシステムは国の支援費制度・障害者自立支援法・障害者総合支援法の訪問介護サービスに展開した。消費者・契約主体である障害者が、貨幣を媒介《ばいかい》にして介助者を使用するという側面がある。

「障害者が介助者を金（貨幣）で買う」とはどのようなことか（＊2）。雇用労働を中心としたこの社会では、労働者が使用者の指揮命令のもとにおかれて労務提供をおこない、使用者はその対価として賃金を支払う。雇用労働で得た賃金で、労働者は税を払い、社会保険に加入し、食品・衣類・住宅を購買《こうばい》して、生きる。障害者介助の場合はどうか。障害者総合支援法の定めにのっとり、国からの事業委託を受けて、企業・法人・団体が介助者を雇用する。企業・法人・団体は、利用者と契約を結び、利用者のもとに介助者を派遣する。企業・法人・団体は、サービス提供の実績報告を行政におこない、介護報酬が支払われる。

介助者も他の職種の労働者と同じく、利用者から切られたら仕事を失うという恐怖をどこかで感じながら、仕事をしているにちがいない。障害者は貨幣を媒介にして介助労働者を使用するシステムによって、力関係を変化させる。障害者が「雇い主のように」介助者を使用する場合もある。介助者は命令を受ける。健常者社会における主客《しゅかく》が転倒する。それでも対等の力関係にはならない。

ここで思い出されるのは、先述の青い芝の会・横塚《よこつか》晃一《こういち》が1970年の横浜市での障害児童殺害事件に対して書いた「殺される立場から」という文章である（＊3）。極端な言い方かもしれないが、わたしたち介助者は「殺す立場」におかれているのかもしれない。障害者と介助者の暴力の構造に関する考察を、ここからはじめたい。

運動の現在

熊谷晋一郎さんは、事件後、介助者との関係性を再考している（＊4）。電車のなかで周囲のお客からの舌《した》打《う》ちが聞こえた。それまで、舌打ちなんて何年も気にしなくなっていたのに、暴力の予感に打たれた。逮捕された容疑者は、介助経験者だった。もし、介助者に悪意があったら、このまま死んでしまうかもしれない。やりとりがうまくいかなかったら、介助者の気持ちをそこねてしまうかもしれない。介助者の圧倒的な暴力によって、障害者が犠牲になるかもしれない。「障害者と介助者が対等だというのは、まったくの間違いで、障害者は本気の暴力でかかってこられたら勝てない」。

同時に、熊谷さんは、「介助者の当事者研究が現場に広がっていったら」とも考えている。「介助者だって、人間ですから、イラっとすることだってあるわけです。かっとなって、あたることだってある。ペナルティーを与えて、厳罰に対処するのではなく、職場で開示する」ことで、介助者が頼ることができる社会資源を増やしていく、という道を模索しようとしている。

京都で介助者の会・かりん燈《とう》を立ち上げたメンバーである渡邉琢《わたなべたく》さんは、介助者の痛みに関するインタビューを文章にした（＊5）。これは熊谷さんへの応答として書かれたものでもあるという。介助者が介助現場で痛みを受けているという発言が紹介されている。きっと障害者運動の立場からはきわどい。介助者の感情の蓋《ふた》をあけることで、障害者への暴力的な衝動を暴走させるかもしれない。障害者にとってはハラスメントや二次被害をうける内容になるかもしれない。渡邉さんの文章は、障害者と介助者の両方からの痛みを共有する、危うい、しかし大切な取り組みに思える。

虐待防止法以後

２０１２年に障害者虐待防止法《ぎゃくたいぼうしほう》（「障害者虐待の防止、障害者の養護者に対する支援等に関する法律」）が施行されてから、障害者の虐待の実態が大きな規模で解明されつつある。虐待防止法では、虐待者とは「養護《ようご》者」「障害者福祉施設従事者等」「使用者」であり、虐待行為の類型は「身体的虐待」「心理的虐待」「性的虐待」「放棄《ほうき》・放置《ほうち》」「経済的虐待」がある。その他、就学先等での虐待に関する定めも別途ある。

２０１５年度の厚生労働省の障害者虐待に関する調査結果（＊６）では、「養護者による虐待」と認められた事例は「１５９３件」である。「使用者による虐待」と認められた件数は「５０７件」である。「障害者福祉施設従事者等」による虐待と認められた事例は「３３９件」である。

虐待防止法にもとづいた虐待の報道も出ている。最近では、わたしも出入りしていた病院が京都市から処分を受けた。２０１７年3月、京都市右京《うきょう》区の病院で看護師が、「いじめられたくないんやったら黙っててよ」「患者って立場を忘れんときや」と暴言をはき、ベッドの足元のボードを蹴り、ナースコールを手の届かないところに置く、などしていたことがわかった。京都市は虐待と判断して改善勧告を出したが、病院は再発防止策を講じなかったので、新規利用者受け入れ停止の処分となった。

この事例をひどいと思う一方で、さほど驚きはない。障害者施設に行くたびに、虐待の現場を目にしてきたからだ。いつ暴力が起きてもおかしくないという感覚をもった。施設は自分たち在宅の重度訪問介護の介助者とはちがうのだと切り離す一方で、自分たちが虐待の加害者になる可能性から自由であるとも思えない。ここからは、比較的大きな都市での「重度訪問介護」

の現場について書きたい。前述の調査結果ではレアなケースであるが（障害者福祉施設従事者等による虐待のうち「0・9％」）、このサービスは障害者運動が実現してきた自立生活の中核にある。

「重度訪問介護」の特徴は次のようなものだろうか。

①一対一の関係：重度訪問介護の特性として、一対一の関係で過ごすということになる。障害者も介助者も、お互いに逃げられない状況になる。

②長時間労働：制度の趣旨からしても、一回の介助時間が長くなる。長くなると、どんな人でも疲労する。疲労が蓄積《ちくせき》すると、ちょっとしたストレスにも弱くなる。ストレスに弱くなると、ストレスが暴力的な感情に転換する回数も多くなる。障害者も同じで、一人の介助者と一緒にいる時間が長くなる。ストレスをかかえていく介助者に指示を出すのは気をつかうし難しく、負担になる。

③感情抑制：介助者は、基本的には自らの意思を押さえ込み消し去る場面が多くなる。自分を消し続けるのは、想像以上にストレスになる。場合によっては、傷にもなる。障害者も力関係のなかで言えないこと、言えない場面が多くあり、大きなストレスをためることになる。

暴力の経験

〈事例〉

介助者Aさんは障害者Bさんの頭を殴打《おうだ》しそうになり、踏みとどまったことがある。また、AさんはBさんをネグレクトしたことがある。Bさんは、とても繊《せん》細《さい》な介助を必要とする人だった。苦しい状況にあったBさんは介助者に怒りを常にぶつけていた。とくにAさんは怒りの矛先《ほこさき》になった。Aさんも萎縮《いしゅく》して、介助指示を求めない時期があった。するとそれをBさんから叱責《しっせき》された。Aさんは萎縮したら介助が成立しないと、指示を求めた時期もあった。今度はBさんからうとましいと思われ、叱責された。それならと、バランスをとろうとした。するとBさんは、お前には何も求めていないと、指示はなくなった。最低限の排泄《はいせつ》、投薬、食事の介助指示はあった。お前には何も求めていないという雰囲気が常にあった。

　夜勤の時にはBさんはAさんに、寝るな、何もするな、前を見ていろと言った。Aさんは、しばしば始末《しまつ》書《しょ》を書けと言われた。Bさんが寝ていて、投薬のタイミングをずらした時、投薬を忘れたと叱責され、始末書を書けと言われた。ナースコールのアームが不調で歪《ゆが》みがちの時期、押せない距離にねじれた際も、お前は意図的《いとてき》にナースコールを離したのだから始末書を書けとAさんは言われた。Aさんの介助時間は長く、夜勤は最低でも連続14時間だった。お互いに逃げることはできない。睨《にら》まれる。怒鳴られる。威嚇《いかく》される。無視される。Aさんは3回介助を辞めろと言われ、実際に辞めさせられた。4回介助に戻った。Bさんが亡くなるまで介助に入った。5年ほど介助に入った。

　ある夜、AさんはBさんからお尻の位置をずらすようにと言われて、ずらした。ちがうと言われて、またずらした。ちがうと言われて、またずらす。こんなやりとりが4時間ほど続いた。罵声《ばせい》を受け続けた。その瞬間、AさんはBさんの額《ひたい》を右手の拳《こぶし》で殴りつけようとするイメージがわいて、暴力的な感情に襲《おそ》われた。手が上がりかけたが、とどまった。あと一歩で手が出た。眠ったその人を見て、「死ねばいいのに」とどす黒い感情がめぐった。それから、自分にとって理不尽《りふじん》と思える介助指示を聞こえないふりをしたり、介助指示を出さないという態度が見えるときには、細かい要求を見えないふりをした。ずっとではないが、そのような時期があった。

　この介助現場では、介助者や支援者から障害者に対する暴言《ぼうげん》やネグレクトが見られた時期があった。この介助現場をふりかえって、まずは障害者と介助者の両方の状況を書き出していきたい。

・介助者の状況

　①長時間労働：この時期、Aさんの毎月の介助の時間数がかなりの量だった。月の労働時間はここには書けない数字になっていた。単純に疲労が大きく、Aさんはストレスを受け止め続けることが難しくなっていた。

　②人間関係：長時間労働が続くと、介助以外の人間関係から切れる。結果、Aさんは他の人間関係に意識

が向かう機会が減り、利用者と向き合う傾向が強くなった。まったく別の人間関係に触れることで、ストレスを軽減することなどができなくなった。

③長時間介助：関係が悪いにもかかわらず、長時間介助の状態が続いた。

④介助内容：Bさんの介助内容が複雑で濃密《のうみつ》だった。Bさんに不満をもたれない介助をできる人はいなかった。

・障害者の状況

①障害の進行：障害の進行が非常に早かった。歩けなくなって車イス生活になり、座位《ざい》が維持できなくなってベッド生活になり、外出が苦しくなってほとんど外に出ない生活になった。身体の状態に慣れると、すぐに障害が進行して心身の状態が不安定になった。どのような介助で楽になれるのか、Bさん自身もわからなかった。

②人間関係：障害が進行すると、Bさんはそれまで付き合いのあった人間関係が断たれた。毎日を介助者や支援者とだけ過ごすようになる。結果、感情の放出先が介助者になった。

③支援者：支援者から暴言を吐かれたり、ネグレクトされたりした。

④体の痛み：体の痛みが強かった。

⑤介助の不安定さ：介助者がすぐに辞めたり、Bさん自ら介助者を切ったりしたこともあり、介助が不安定になった。少人数の介助者で場をまわさなくてはならなくなり、一人一人の介助者が長時間労働になり、ストレスをためた介助者からの暴力的な言動をBさんは受けることになった。

・暴力の構造

介助者の定着が困難な介助現場がある。AさんとBさんの事例には一定の普遍性《ふへんせい》があると思う。障害者は障害の進行や体の痛みから、介助者に対しては常に余裕のない状態にならざるをえない。障害者は介助者を感情のはけ口として暴力的な言動をおこなってしまう。介助者は長時間労働などもあって、ストレスを受け止めきれない。介助者はコミュニケーションを減らそうとして、ネグレクトに逃げる状態がある。介助者からの暴力的な言動も出やすくなり、ネグレクトが続くと、障害者の言動も激しくなる。介助を拒否する。介助者を切ったりもする。介助者は離れ、さらに少人数で長時間をまわすことになる。悪循環《あくじゅんかん》である。

・暴力の抑制

この時、介助者たちはどのようにして暴力を抑制していたのか。

①一対一の関係：一対一の関係では話し合いはめったに成立しない。話し合いで何とかなると思っていると、過度に向き合うことになり、お互いの攻撃の機会も増える。

②介助現場全体：ある時から、Aさんたち介助者は介助現場全体をシステムとして認識するようになった。今までも攻撃されている介助者が誰か必ずいた。じつはこのシステムの維持には、攻撃を受ける人が必要な場合がある。一人の介助者が攻撃を受けていると、他の介助者は攻撃を受けない。そう考えると、自分が攻撃を受けている限りは、他の介助者は攻撃されない。目標をBさんとの関係改善におくのをやめて、システムとしての介助現場の維持に切り替えたら、「だめな介助者」である自分も役割を果たしているといえる。そして攻撃対象はいつか切り替わる。このような認識にいたると、罵声の意味もずいぶんと変わった。蓄積していく不条理《ふじょうり》なストレスや感情は暴力的な衝動《しょうどう》に転換する。他方で、理屈のあるストレスと読み替えることができるなら、暴力的な衝動に転換する回数は減る。

③聴き手：障害者当事者のコーディネーターが介助者会議をつくった。これは大切だった。介助中の苦しかった経験は基本的には話せない。安心して話せる相手が少ない。誰にでも話せるわけではない。矛盾《むじゅん》するようだが、自分が苦しめられている障害者のことを否定的に受けとめられたら（「ひどいやつだ」など）、話せなくなる。また専門家のように分析されても（「パーソナリティ障害が疑われる」など）、話せなくなる。ある程度以上の深い水準で、障害者を肯定《こうてい》している人にしか安心して話せない。ストレスを暴力的な衝動に転換させる回路を開かない話の聞き手が必要である。

④依存《いぞん》的な関係：単純に労働時間を減らしたほうがよい。しかし、人がいないので難しい。だからといって、人がいないから自分が入らないといけない、という感情の入れ込みはなるべく薄くしておいたほうがよい。Ａさんは依存関係をつくってしまうのは避けたほうがよいと考えた。

⑤差別の認識：障害者差別が蔓延《まんえん》する社会との関係が、介助者の目に見えることがある。障害者にとって健常者社会は理不尽にみちている。路上で、学校で、バスで、地下鉄で、ショッピングモールで、飲み屋で、服屋で、病院で、人格を否定され、差別される。介助者が感じている理不尽は、障害者の理不尽のごく一部に過ぎないと認識する。いま目の前にいる一人の障害者は３６５日、この圧力にさらされ続けている。ここでも不条理なストレスには背景があると読み替えることで、Ａさんの中でストレスが暴力的な衝動に転換される回数は減った。Ａさんの場合、認識が切り替わるとチャンネルが切り替わるような感覚がある。

一対一の介助関係で蓄積された疲労・ストレスがリセットされることはまれである。「関係性の疲弊《ひへい》」とでも呼ぶしかない。何年も何年も、じわじわと蓄積されていく。常に爆発と暴力の予感を感じる。こわい。しかし、この予感を見ないふりしてしまうのは、危険とも思う。

どうしたらよいのか。暴力の構造を知る。対処法を蓄積する。一対一の関係を他の人にも開いていく。介助現場をシステムとして認識する。時折は安心して話せる相手に話す。場合によっては場から離脱《りだつ》・分離する。過度に関係を調整しようとしない。依存関係を強めすぎない。不条理な介助現場の背景にあるさらに膨大な障害者差別を意識する。内なる暴力を道徳的に否定して封じ込めてはいけない。暴力の条理を読み解いていくことが必要だと考える。

暴力を考える

障害者と介助者は等しくはない。だからといって介助者の苦しみがないわけではない。この苦しみや感情はたやすく支配や暴力に転換してしまう。介助者が自らの疲労・ストレスを軽んじると、暴力への転換の回路も軽んじてしまう気がする。

わたしが初めて介助に入ったのは、３６５日24時間をボランティア介助者でまわしている人のところだった。初めてその人とわたしが一対一になったとき、わたしたちは街に出た。手押し車イスを押して歩いていると、奇異《きい》な目で見る人が何人もいた。目をそらす人も何人もいた。「おとうさんのお世話をえらいね」と言われた。その人は無視されて、わたしが話しかけられた。ご飯の注文を聞いてもらえない。繰り返し繰り返し、同じ注文を言い続ける。ふだんは気づかなかった段差につまずいた。道が斜めで車輪がとられる。スロープがやたらと遠いところにあって、いたたまれない気持ちになる。その人は「風が気持ちいいですねえ」と笑う。

わたしは週に1度、10時間の介助だけ、10時間だけの不自由。手押し車イスの後ろには、いろんな圧力があった。差別があった。健常者社会の圧力である。その人にとっては３６５日24時間の数十年分の圧力。わたしは、圧力に対抗するために、車イスの後ろで胸を張るようになった。圧力を感じると、跳ね飛ばしてやろうと心をのばした。その人に押しかかってくる圧力をともに跳ね飛ばす力の一部になるのが介助なのだと理解した。

わたしが語るような障害者運動の文脈が負担になる介助者もいる。毎日のしんどさのなかで、運動だから、障害者の地域生活のためだからと言われて、現に感じている苦しみをのみこみ続けることは、心身によいものではない。葛藤《かっとう》をかかえたまま、介助の仕事を辞める人たちもいる。障害者も介助者も、苦しみをないものにしてはいけないと感じる。

わたしは恨み・怨念《おんねん》・呪《のろ》いとしか言いようのない障害者の激情に触れたことが何度もある。これは障害者にかけられた健常者社会の呪いだと思った。その不条理な呪いは、介助者にも流れ込む。どうにかできるものではない。この呪いとともにあるのが介助なのだと感じた。健常者を金で買って、それでも対等になれるかなれないか。わたしたち介助者が暴力の構造にまきこまれて、圧力の一部になることもある。それでも、介助とは障害者が圧力と闘う手段の一つなのだとわたしは思っている。じつはわたしもこの健常者社会の圧力に苦しめられてきた一人である。健常者にも健常者社会との闘いの歴史がある（＊2）。

津久井やまゆり園の事件後、わたしは失語状態になった。わたしがやれるのは、障害者運動がリレーしてきた灯火《ともしび》を、車イスの後ろでひっそりとリレーすることだと感じた。毎日、自転車をこいで、ドアを開けて、部屋に入って、はじまる時間。それだけしかない。障害者と介助者が重ねてきた時間は、事件で消し飛んだりはしていない。この灯火は、障害者たちが長い歴史をかけてリレーしてきたものだった。介助者が介助現場の暴力と非暴力について考える試みは、はじまったばかりである。灯火を消してはいけない。

＊1　高橋慎一「ハウジングファーストと障害者自立生活運動」『賃金と生活保障』２０１７年1月合併号、4〜19頁。

＊2　高橋慎一「「介助を仕事にしたい」と「仕事にしきれない」のあいだ」『障害者介助の現場から考える生活と労働』明石書店、２０１３年、２４６〜２７７頁。

＊3　横塚晃一『母よ！殺すな』生活書院、２００７年。

＊4　熊谷晋一郎「それでも他者とつながり生きる。」『BuzzFeeD NEWS』、２０１６年8月。(https://www.buzzfeed.com/jp/satoruishido/sagamihara-kumagaya?utm_term=.vjb0j7e5w#.jdJl4LbG7)

＊5　渡邉琢「介助者の痛み試論」『現代思想』２０１７年5月、１９６〜２１３頁。

＊6　厚生労働省　社会・援護局　障害保健福祉部「平成27年度　都道府県・市区町村における障害者虐待事例への対応状況等（調査結果）」。

とまどいと苦難

渡邉 琢●わたなべ たく

相模原の事件のあとに感じること

―まっちゃんへ

まっちゃん

「どうしたらいいねん！」

電話に出たとたん、電話口からドスのきいた怒鳴り声が聞こえる。

あ、まっちゃん、また何かあってイライラ・パニックしてるんだな、と思いながら、「なにがあったんやろ？　どうしたん？」と落ち着いた調子で切り返す。

「わからん！　入院はイヤだぞ！」

回答は要領を得ず、怒鳴り声は続く。こちらがのんびりと聞いていると、次第にまっちゃんの声のトーンも下がってくる。

彼の発する単語単語から、だいたい何が起きたかは推察できる。そのうち、「ママに代わるわ」と言って、本人がお母さんを呼んで、ぼくへの説明をお願いする。

「どうやらこういうことが起きたようです」とお母さんから説明を聞き、背景《はいけい》事情《じじょう》をある程度は理解する。

基本的には対人関係のトラブル。街に出て、人とのやりとりがうまくいかないと、突然、声のトーンや表情、全身の様子が豹変《ひょうへん》し、暴力的になってくる。そうなると、幼い子どもや、中高生、若い女性にも暴言《ぼうげん》を吐くことがあるので、そうした場にいあわせると、ほんとにいたたまれない気持ちになる。
「やめろ！」「あかん！」みたいな制止の声をかけると、「いやぁや！！！」とますますエスカレートするので、そういうときは、寄り添いながら、基本的には待つしかない。

　親も、そうした状態の彼をもちろん止めることはできない。

「どうしたらいいんでしょう？　いつまでもこんなことばかり繰り返してはいられない。」

　親の悲嘆《ひたん》にくれた声が電話口から聞こえる。

　ぼく自身も、どうしたらいいのかわからないので、結局、彼の話に耳を傾けることで、彼が落ち着いていく手助けをするしかない。その時間はそうやって静まっていくのだけれども、こうしたことが頻繁《ひんぱん》に起きると、やはりしんどいし、「またか」とがっかりする。耳をつんざくような怒声を長時間にわたって叫び続ける人と同じ場所に居続けることのしんどさ。その渦《か》中《ちゅう》にいるときは、自分もわりと冷静に対応できるのだけども、あとになってふりかえると身体にずっしりと重たいダメージが溜《た》まっていることに気が付く。あぁ、もう起きてほしくないな、と思いながら、日がちょっと過ぎるとまた、同じような状況が再来する。

　まっちゃんとは10年以上のつきあいだ。１９７４年生まれでぼくとはほぼ同世代。今は京都府内の小都市にある実家で両親と暮らしている。普段、特になにもないときは、おちゃめで愛嬌《あいきょう》があってとても気さくで、好奇心《こうきしん》も強くていろんなことに興味がある。これまで一緒にほんとたくさんのところに小旅行や旅行に行っている。けれども、人間関係においてあるツボにはまると、上述のように彼の一切《いっさい》が豹変してしまう。そうなってしまってはもうほとんど手がつけられない。誰も手がつけられなくなり、警察がやってきて、精神病院に強制的に入院させられたこともこれまで2度ある。

　まっちゃんの支援の仕方、まっちゃんとの関わり方は、いろいろ考え、ためしている。

　以前は、そういうイライラ、パニックの状況はもうスルーするしかなかったが、最近は、まさにそうした状況こそを互いに意識化し、言葉にしてオープンにしようとしている。

まっちゃんの苦労や課題を彼自身だけが抱えることにならないように、いろんな人に彼の話を聞いてもらうようにしている。いろんな人が彼の話を聞く状況をつくることで、まっちゃん自身が自分のおかれている状況を客観的にとらえることができるようにしている。隠すのではなく、表に出すことで、彼の心がそのイヤなことに囚《とら》われてしまわないようにしている。彼も、なぜ自分がそうなるのか、他の人に知ってもらいたいと望んでいるようだ。自分の生き方や思いを他の人から承認《しょうにん》されたい、という気持ちがあるように感じる。このまま地域社会から排除《はいじょ》され忘却《ぼうきゃく》されるのを、彼は極端に怖がっている。少しでも彼自身が、この社会の中で孤立せず、人から承認され囲まれ生きている実感を得られるようにと、多くの人をまきこみながら対話を続けている。だから、まっちゃん自身しばしば、精神病院への入院を含めて自分の生きづらさの経験や今がんばろうとしていることを集会等でみんなの前で発表している。

それでも、日々、トラブルは続く。親はもうほんとに、この状況はやめたい、もうなんとかしないといけないと、しばしば訴え、身体的、精神的に相当にしんどいことを吐露《とろ》する。ときどき、彼の部屋から、「殺すぞ、こらぁ！」みたいな怒声がずっと続くとのこと。過去のイヤな記憶がフラッシュバックして、そういう状況になっているようだ。

人間関係の在り方を閉ざす方向から開く方向へと変えていく中で、確かにまっちゃんのイライラ、パニックは少なくともぼくたちの関わりの範囲内では減ってきているように思う。けれども、ぼくたちの目に入らないところに、様々なトラブルの種があり、それによって激しい恫喝《どうかつ》的態度が引き起こされることが、まだしばしばある。

ぼく自身も、他の人たちも、多少いい感じで進んでいるように見えても、またぶり返してしまうこの状況に、正直うんざりしているところもある。

そして、本人が、この状況を改善したいとどこまで思っているかどうか、実は疑問の部分もある。まるで戦場からの帰還兵《きかんへい》のように、そのイライラを誘発する極限状態の記憶にしばられ続け、あえてそこから離れたくない、あえてそこに飛び込みたい、というような雰囲気も感じられる。

けれども、そこに囚われていては、この社会の中で、うまく生きていくことができない。大の大人が無抵抗な子どもにも威嚇《いかく》的暴言を吐くような行為を地域社会の人々はどこまで許容できるだろうか。それは他者の心に傷を残す行為だ。もちろん彼のほうこそ、これまでに、このコミュニティの人々の悪意ある、あるいは無頓着《むとんちゃく》な行為によって、深く傷つけられているわけであり、その受けた過去の無数の深い傷こそがイライラ、パニックの要因であるのだろう。

通常はその傷はなんらかの形で受け止められ、ある程度は消化される。けれども彼の場合、その受けた傷の痛みは、さらに増幅されて無制御《むせいぎょ》に他者に向かう刃《やいば》となっているように思われる。

はたから見たら、暴れている彼のほうに問題があるとしか見えない。

そして様々な支援の手立て、あるいは他者の声かけ、関わりが、決して届かないような心の闇を彼は抱えている。

まっちゃん自身が、自分がどうしたらいいのか「わからない」というように、まわりの親も支援者も、正直どうしていいのか「わからない」。他者との関わりの中でいつ起爆するかわからない爆弾を抱えながら生きているかのようだ。

どんなにか生きづらいことだろうと思う。

とまどい

相模原《さがみはら》の障害者施設での殺傷事件に関するこの文章の冒頭に、なぜぼくの知り合いのまっちゃんの「生きづらさ」から書いたかというと、まさに彼が、精神病院への入院や施設入所を強《し》いられるおそれと日々格闘している人だからだ。この文章を書いている今も、街のどこかでトラブルを起こしているのではないか、そして「他害《たがい》のおそれあり」とのことで精神病院へ入院させられる恐怖に直面しているのではないか、と内心ひやひやしている。ちょうど数日前に、近所の人とトラブルを起こして、大声、奇声《きせい》をあげ、その興奮がまだ冷《さ》めやらぬ状況だ。

相模原の事件については、ぼくは事件の直後から、入所施設という閉鎖空間での障害者の集団処遇《しょぐう》をこの社会が是認《ぜにん》していることが事件の大きな背景要因の一つとしてある、ということを指摘してきた。そもそも、なぜ事件で亡くなられた方々が入所施設に入っており、地域社会で暮らし続けることができなかったのか、そのことを問わなければならない。そして事件を受けての私たちの課題は、障害者が地域社会から隔離《かくり》、排除される状況を改善していくこと、地域自立生活の確立を進めていくことだ、ということを述べてきた（＊1）。

それは間違っていない方向だと思うが、その一方で、こうした主張に反発する人々の声もいくらかぼくの耳には聞こえてきていた。たとえ理念として、自立生活や地域移行が正しいとしても、さまざまな事情の中で、それがかなわない現実もあり、声高《こわだか》に訴えられても傷つくだけだ、というような声である。

ぼく自身は、そうした声に反発を覚えたりもしたが、よくよく考えると、本当に困難な現状というのは確かにある。そして、明日はどうなるかわからない、今の時点だってどうなるかわからない「まっちゃん」の状況は、まさにそうしたうまくいかない現実をあらわしている。

まっちゃんも苦難《くなん》の中にいるし、家族も苦難の中にいる。そして、まだ自分の受ける傷は浅いにしても、ある意味必死に関わり続けているぼくも、それなりの苦難を感じている。なにかの拍子《ひょうし》に、施設入所、あるいは精神病院への入院が現実のものとなるかもしれない。街で出会う人間関係のめぐりあわせなどにもよりけりなので、正直、どう転ぶかはわからない。そのことを思うと、なにかぼく自身の拠《よ》って立つ足場の底に大きな穴が空きかねないような感覚にもとらわれる。

自分自身が、自立生活や地域移行を強く主張しつつ、ひょっとしたらそれがかなわないかもしれない現実があることを思うと、ある種の苦しみやとまどいを感じざるをえない。おそらくぼくのそうした悩みやとまどいの背後には、無数の当事者や家族たちのそれがあるのだろう。

またおそらく、今回の事件で犠牲になった方や、今施設に入所している方たちのうち、少なからぬ数の人が、まっちゃんと類似の困難を抱え、そうして施設入所にいたってしまったのだと思う。

たとえ「施設解体」という理念を唱えるにしても、実際にどれほどの団体が、施設入所している重度の知的障害者の地域移行を支援し、新たに地域で受け入れる取り組みができているだろうか。声高な主張をする自分たちの足元を検証し直すと、実は自分たちの足場ももろいものであったことに気付き、とまどいを覚えることがあるかもしれない。そうした主張と現実の間のギャップからくる、とまどいや動揺の感覚から目を背《そむ》けることなく、その不安定さに耐え続けること、そのことは事件後、まもなく一年たとうとする今、大事なことのようにも思う。

事件のあと、地域移行を推進する側と施設を守りたい入所者家族の側の対立が、ある意味くっきりしてきたように思う。そしてその対立についても、ぼく自身は「とまどい」を覚えてきた。

事件の2週間後、シノドスというネット媒体のメディアに、「亡くなられた方々は、なぜ地域社会で生きることができなかったのか―相模原障害者殺傷事件における社会の責任と課題」という文章を発表した。ネット上で読めてアクセスしやすいということもあり、かなりの反響があった。

「社会の責任と課題」という観点からこの事件のある種の本質を明らかにした、というような肯定的な意見があった一方で、「施設に入れた家族が悪いとしか読めない」というコメントを目にしたこともある。「社会の責任と課題」ということをテーマにしているので、決してそういう趣旨のことを述べたわけでもないし、そうとられないように丁寧に書いたつもりだけれども、この文章によって「家族」は自分が責められていると受け止めたということだ。他の家族の方からも、家族の状況やそれぞれの地域の状況も知らないで、安易な施設批判や地域移行など言わないでほしい、みたいな批判的意見があったとも伝え聞く。

また、事件後の津久井《つくい》やまゆり園の今後の在り方をめぐっても、地域移行を唱える側と家族の側との対立が鮮明になった。

事件後ほどなくして、神奈川県知事は、家族の意向をもとにして、早々に「事件に屈しないために」津久井やまゆり園をもとの場所に、もとの規模のまま再建するというメッセージを流した。しかし、この動きに対しても、大規模入所施設そのものの問題がこの事件の背景にあるのに、施設をそのまま再建するのはおかしいのではないか、本人たちの思いを丁寧に聞かぬまま施設再建ありきで話をすすめるのはおかしいのではないか、むしろ、本人たちの意向を丁寧に聞き取りながら、地域での暮らしを実現させていくべきではないのか、という声が多数あがり、知事が提起した施設再建の話が異例にもいったん保留となり、「大規模施設での再建を前提としない」という方針が、施設の今後の在り方をめぐる検討会の中でうちたてられた。

しかし、この方針に対して再度、家族の側から、「なぜ園の再生に地域移行の話が出てくるのか。不幸な事件を利用している人がいるとしか思えない」「元の園に戻してほしい」「利用者も家族も以前の生活に戻りたいだけ。事件を機に小規模化を考えないでほしい」と強く訴える声があがっているとのことだ（『神奈川新聞』２０１７年5月22日、及び5月29日）。

ここには、ぼくを含めて施設ではなく地域での暮らしをと主張する立場の人たちと、入所者の家族との間の、深くて相互の歩み寄りがきわめて困難な溝《みぞ》があるようだ（もちろん地域生活を推進する立場の人の間でも、一人暮らしによる自立生活を推進すべきだという立場とグループホームを中心とした地域移行を展開しようとする立場とで、それなりの対立があるし、また家族の間にも、施設は本人にとって終《つい》の棲家《すみか》という人もいれば、施設でなく地域で暮らせるならそうしてやりたいと考える人もいる。けれども、政治的な話もからむような局面では、そうした地域対施設というような対立が鮮明にならざるをえない）。

そうした溝は、もちろん事件の起きる前からずっとあった。

ぼく自身の経験から言うと、ある施設入所者の地域移行を支援する中で、家族から、10年近く激しい非難の言葉を浴《あ》び続けたことがある。本人は施設をぜったいに出たいと言っているのに、家族はそれに耳を貸さず、本人にとっては施設こそが「終の棲家」なのだと言って断固として譲《ゆず》らず、結局はこの家族を強引《ごういん》に法的手段によって切ることでしか、地域移行は果たせなかった。支援していたぼくたちの人間性を否定されるような経験を何度か味わった。何度も、低姿勢で歩み寄りの努力をしてきたが、ぼくたちに対する攻撃の姿は変わらなかった。

おそらくは、相手の家族からすれば、自分たちこそ責められている側であって、なぜ自分たちはこんなにも苦しい思いをさせ続けられるのだろう、という気持ちでずっといたのだと思う。その気持ちが、ぼくたちに対する攻撃的な言動になっていたのだろう。

溝は結局、埋まらなかった。

「施設しかない」という家族の思い、気持ち。その背景には家族として障害のある人を養い支え続ける中で、諸方面から受けてきた様々な傷や痛みの蓄積があるのだろう。その傷や痛みの蓄積の果てにたどりついた施設入所。その施設から地域へ再度「逆戻り」するようなことは決して受け付けられないということかもしれない。地域移行を進める側は、地域移行は地域社会へと「前進」していくことと考えるのに、これまで地域で支え続けてきた家族からしたら、それは「逆戻り」することなのかもしれない。過去の傷、痛みが心身の深いレベルで疼《うず》き、心身に激しい抵抗感を感じるのかもしれない。

家族の思いや気持ちも大切に、という意見の一方で、その意見にのまれて、たとえ施設を出たい意向を示していても、施設の中で時間切れで衰弱死《すいじゃくし》のように死を迎える人もいる。家族の反対にも関わらず施設から出て、地域で手厚い支援を受けながら暮らすことで、めきめきと元気になり意識もはっきりしてくる人もいる。そうした人たちのことを考えると、家族との対立も時にはやむなしと思う。それでも、対立によって、双方に蓄積されている痛みや傷はますます見えないものとなっていく。安易な相互理解やわかちあいを峻《しゅん》拒《きょ》するこのような障害者と家族をとりまく状況、その苦難の状況を生み出したそれぞれの背負って来た歴史の重みを前にして、ぼくはとまどわざるをえない。

苦難

シノドスのあとに書いた『現代思想』2016年10月号所収の文章では、重度の重複障害のある青年が、両親の協力のもとで、24時間介護を入れつつ地域の団地でふつうに一人暮らしをしている様子を紹介した。

それによって、現実に重度の重複障害の方でも、施設でなく地域で自立生活を営むことは可能だということを示そうとしたつもりだ。彼の場合、ぼくとは本人が高校生の時からの10年来のつきあいがあり、そのときからの本人および両親との信頼関係のようなものが、重度の知的障害のある彼の自立生活の実現をスムーズなものにしたのだと思う。

　そうしたケースもある一方で、それぞれの家族の事情、地域の事情、社会資源の事情によって、自立生活や地域移行ということが安易に言えないような状況がいたるところにあることも重々承知している。冒頭に紹介した「まっちゃん」は、ちょっと遠方の街からぼくらの事務所を紹介されて、やってきた。地元の障害福祉サービスの事業所がどこも受け入れられなくなった結果である。ある意味、事務所の中でもいろんな暴力的トラブルを引き起こしてきたが、彼を拒絶したら、ぼくらの団体が「自立生活センター」であることを辞《や》めなければならなくなる、というような必死の思いで、つきあい続けてきた側面もある。そして、今後、うまくいくかどうかについて、正直だれにもわからないような部分もある。

　そのときの人間関係や社会環境、運のめぐりあわせによって、自立生活や地域移行がうまくいくこともあれば、まるでうまくいかないこともある。結果的に施設に入らざるをえない状況になったとして、さまざまな苦悩や苦労の末にたどりついた結果としたら、だれがその責めを負わないといけないのだろうか。

　一方で重度の障害がありながら自立生活を成し遂げている人々がいて、テレビ等にも登場する時代になってきたが、それがまったくかなわない現実も厳然と存在する。そこに関わる人々それぞれが苦難の中にあるように思う。まずは、その事実からスタートしないといけないのかもしれない。

　もちろん、こう言うことで、施設入所を是認しているわけではない。障害のある人が施設でなく地域で暮らしていけるように、さまざまな立場にいる人たちが本気で考え、力を尽くしていかないといけないと思う。現実には、安易、安直な施設入所というのがいたるところで起きている。関わり続ける努力を多くの人がなおざりにし、当事者たちにのみ多くの責任が押し付けられていくことで、当事者たちは深く痛み、傷つき、取り返しがきわめて難しいような状況へと追い込まれていく。

人生の過程で深く心の奥底まで刻み込まれた傷が和らぎ癒《い》えることはきわめて困難だし、できたとしても長い時間がかかる。障害当事者にも刻み込まれた傷はあるし、家族にもある。支援者や介助者もなんらかのかたちで深い傷を負うことがある（＊2）。それぞれに、固有の傷を負っている。

おそらく、今回の相模原の事件はそうしたそれぞれの奥底に潜在《せんざい》する固有の傷をよみがえらせた。それによって地域か施設か、当事者か家族か、というような対立があらわになっているところもあるのだろう。

だが、たとえ対立があるにせよ、ぼくはやはり、終の棲家となるような入所施設はなくし、障害のある人が、障害のない人と共に、平等に暮らしていける社会をつくっていくために、目の前の人たちの支援を全力で行っていきたい。それは事件が起きるずっと前からの、ぼく自身の生きる目標のようなものだ。

そして、その一方で、今の時点で対立が不可避の状況にあるとしても、それぞれが抱える苦難の歴史には思いを寄せたい。それぞれが、他者には理解されえない心の闇のようなものを抱えている。その闇を闇として受け止め続けていたい。

文章を書くたびに何度も繰り返すが、成人の知的障害者の5人に一人は、施設に入所している。その数は11万人ほど。精神病院の終日閉鎖病棟に閉じ込められている人も18万人ほどいるとのこと。家族や支援者の中に深い傷や闇があるといっても、閉じ込められた状況の彼ら彼女らには、より一層深い傷と闇があることだろう。

一人一人の人生の重みを感じながら支援し続けていくにはどうしたらいいのだろう。ある意味で、ぼくは自分自身の目の前のことでその都度《つど》精一杯だ。一人の支援にも頭を悩ませるのに、施設や精神病院のない社会というのをどのように築いていけるだろうか。その膨大《ぼうだい》な課題を前にして、現実の行程《こうてい》を考えようとすると、深くとまどいを感じざるをえない。

けれども、一人一人につきあいつつ、施設や精神病院にいくのを食い止めていくこと、あるいはそこから地域へ移行するのを支援すること、そうしたことを多くの人が丁寧にやっていくことでしか、ものごとは進んでいかないだろう。

今、まっちゃんとは、いつか「まっちゃん物語」を書こうね、という話をしている。彼は、以前は一人暮らしは絶対ムリと言っていたけれども、今はひょっとしたらできるかもしれない、と思い始めている。将来の一人暮らしに向けて、自立体験室というところで体験宿泊の練習を毎月行っている。近所でのトラブルも、一つ一つ支援者が間に入りながら、本人も日々がんばりながら、いい方向に向かっている部分もそれなりにある。自分なりのがんばりと苦労を、その時々ごとに人前で報告し、その都度みんなからの応援の拍手をもらったりもしている。もちろんぶりかえしもある。彼の人生のこれからは、まだまだ紆余曲折《うよきょくせつ》があるだろう。けれどもそれらをひっくるめて、その存在を忘《ぼう》却《きゃく》の彼方《かなた》においやるのではなく、社会の中で歩み続ける足跡《あしあと》をきっちり描いていけるように関わりを続けていきたいと思う。

この文章は、いつか書かれる「まっちゃん物語」への序章にもなるだろう。彼の苦難につきあい続けること、それは正直、ぼくにとっても苦難の道のりのようにも思う。けれども、その苦難を共にすること、そういう「共苦《きょうく》」とでもいうような立場からしか開かれていかないことがあるのだと思う。その先に開かれる未来を、今、共に待ち望みたいと思う。

＊1 拙稿「亡くなられた方々は、なぜ地域社会で生きることができなかったのか?―相模原障害者殺傷事件における社会の責任と課題」(SYNODOS(シノドス)２０１６年８月９日付け http://synodos.jp/welfare/17696)および「障害者地域自立生活支援の現場から思うこと―あたり前の尊厳《そんげん》とつながりが奪われないために」(『現代思想』２０１６年10月号 特集 相模原障害者殺傷事件)。

＊2 介助者が直接現場において感じている「痛み」を論じたものとして、以下も参照のこと。拙稿「介助者の痛み試論―直接介助の現場から考える」(『現代思想』２０１７年５月号 特集 障害者)。

執筆者紹介　※執筆順

小田島榮一（おだじま・えいいち）1944年生まれ。東京都在住。ピープルファーストジャパン・前会長、ピープルファースト東久留米・代表。

見形信子（みかた・のぶこ）1969年、埼玉県生まれ。埼玉県在住。神経筋疾患ネットワーク・代表、自立生活センターくれぱす・事務局長（ピアカウンセラー）。

篠原由美（しのはら・ゆみ）1963年、高知県生まれ。1歳で引っ越し、20歳過ぎまで広島で暮らす。父親の転勤で東京に。27歳で親元を離れ一人暮らしをはじめる。東京都国立市に在住。自立生活センターでピアカウンセラーをしている。

木村英子（きむら・えいこ）1965年、横浜市生まれ。東京都在住。1994年、「自立ステーションつばさ」設立（多摩市）。全国公的介護保障要求者組合・書記長。

実方裕二（じつかた・ゆうじ）1959年、東京都大田区生まれ。東京都世田谷区在住、cafe ゆうじ屋・店主。

猿渡達明（さるわたり・たつあき）1973年、東京都足立区生まれ。東京都文京区在住。脳性マヒ者の会 一歩の会・会員、ピアカウンセラー（相談支援専門員・福祉用具専門相談員資格あり）。

熱田弘幸（あつた・ひろゆき）1962年、千葉県八日市場市（現匝瑳市）生まれ。千葉県松戸市在住。東芝プラットフォームソリューション（株）勤務、全国障害者解放運動連絡会議（全障連）関東ブロック代表幹事。

西田えみ子（にしだ・えみこ）1971年、新潟県生まれ。東京都在住。難病をもつ人の地域自立生活を確立する会・副代表、障害連（障害者の生活保障を要求する連絡会議）・事務局長、インスリンポンプの会・副代表、DPI 障害者権利擁護センター・相談員。

安平有希（やすひら・ゆき）1981年、宮城県生まれ。東京都在住。バクバクの会〜人工呼吸器とともに生きる〜呼ネット〜人工呼吸器ユーザー自らの声で〜・事務局員、特定非営利活動法人足立福祉会パーソナルアシスタント（PA）足立・当事者スタッフ。

新居大作（あらい・だいさく）1971年、和歌山市生まれ。大阪府枚方市在住。広告代理店勤務などを経て福祉系企業の営業職、介護福祉士。長男の優太郎さんの関係からバクバクの会に参加。バクバクの会〜人工呼吸器とともに生きる・副会長。

加藤真規子（かとう・まきこ）　1954年、埼玉県生まれ。東京都北区在住。特定非営利活動法人こらーる・たいとう・代表、ＤＰＩ日本会議・常任委員。

山本眞理（やまもと・まり）　1953年、千葉県生まれ。東京都中野区在住。全国「精神病」者集団・会員、世界精神医療ユーザーサバイバーネットワーク・理事。

尾上裕亮（おのえ・ゆうすけ）　1985年、兵庫県生まれ（数か月後に東京へ）。東京都在住。障害連（障害者の生活保障を要求する連絡会議）・事務局次長。

横山晃久（よこやま・てるひさ）　1954年、大阪府生まれ。東京都世田谷区在住。「骨格提言」の完全実現を求める大フォーラム実行委員会・実行委員長。

髙見元博（たかみ・もとひろ）　1951年、大阪府生まれ。育ちは神奈川県、島根県等。兵庫県在住。兵庫県精神障害者連絡会・代表。

古賀典夫（こが・のりお）　1959年、佐賀県生まれ。東京在住。怒っているぞ！障害者きりすて！全国ネットワーク・世話人。

菅原和之（すがわら・かずゆき）　1965年、東京都小金井市生まれ。東京都世田谷区在住。HANDS世田谷・職員、なくそう戸籍と婚外子差別・交流会会員。

佐藤　孝（さとう・たかし）　1959年生まれ。東京都在住。特定非営利活動法人むく・理事、心身障害者作業所（就労継続支援Ｂ型）魔法陣・所長（施設長）。

宮﨑　一（みやざき・はじめ）　1958年生まれのミドル共生共育派。同時にレイシストカウンター。雑木林をこよなく愛する東京・武蔵野育ち。日々消えゆく緑を惜しみながら、東村山で暮らしている。

高橋慎一（たかはし・しんいち）　1978年、広島県生まれ、京都市在住。日本自立生活センター（JCIL）・介助者。反貧困ネットワーク京都・事務局。花園大学非常勤講師。障害当事者とともに住宅保障の運動をしている。活動記録は「住まいの場づくり in JCIL」（http://sumai-no-ba-jcil.blogspot.jp）を参照。

渡邉　琢（わたなべ・たく）　1975年、名古屋市生まれ。京都市在住。日本自立生活センター・事務局員・介助コーディネーター、ピープルファースト京都・支援者。著書に『介助者たちは、どう生きていくのか』（2011年、生活書院）。

ミュージシャン紹介

歩笑夢（ぽえむ）

ボーカル：風香（ふうか）[見形信子] 主に作詞を担当
ギター：びわっち [新島茂男] 主に作曲を担当
サポートメンバー：和浮人（わふと）[三ツ井和則] ギター、三線、笛等

びわっち (Gt) は、埼玉県の中学校で特別支援学級の先生をしています。

中学生の頃からバンド活動をはじめ、1998 年ラズベリー・フィールズに参加し風香と出会いました。

なお、ライブでは 2011 年より、和浮人(三ツ井和則) が、サポートメンバーとして参加しています。

【歩笑夢】Official Facebook ページ
https://www.facebook.com/Poemhajimenoip

ラブ・エロ・ピース

ボーカル・ギター：菅原ニョキ
キーボード：ヨーコ
ボーカル：お邪魔ん裕二

本誌付録CD 死んでない　殺すな

［ゲストプレイヤー］
サイドギター：新澤 克憲
リードギター：守尾 和雄
ベース：ab3
パーカッション：古賀 典夫

［コーラス］
佐々木 信行
盛田 容子
瀧柳 洋子
猿渡 達明
熱田 弘幸
石塚 弓子
山下 時生
新澤　心
平山 静男
佐山 文信
浦松 祥子

［録音］
松田 健一（Synk !）
荒川 大

［協力］
谷ぐち 順
大石 規湖
穴水 正彦（n.a.m.）
千歳烏山 Live Bar Tubo

ミュージック・ビデオ　https://www.youtube.com/watch?v=yM2cVWa5gbg

付録音楽CD

19の軌跡（歩笑夢）

死んでない　殺すな（ラブ・エロ・ピース）

生きている！殺すな

やまゆり園事件の起きる時代に生きる障害者たち

2017年10月20日　初版発行

2019年　8月30日　初版第2刷発行

編　　者「生きている！殺すな」編集委員会

装　　幀　鈴木一誌＋下田麻亜也

編集者　浦松祥子

編集協力　村田悠輔

発行所　山吹書店

〒180-0005 東京都武蔵野市御殿山1-6-1 吉祥寺サンプラザ306

TEL 0422-26-6604 FAX 0422-26-6605 メール yamabuki@za.wakwak.com

http://yamabuki-syoten.net/

発売元　JRC

〒101-0051 東京都千代田区神田神保町1-34 風間ビル1F

TEL 03-5283-2230　FAX 03-3294-2177　http://www.jrc-book.com/

印刷・製本　モリモト印刷

ISBN978-4-86538-064-4

©"Ikiteiru! Korosuna" Hensyu Iinkai 2017

Printed in Japan

乱丁・落丁本はお取替えいたします。

視覚障害などの理由でこの本をお読みになることができない方のために、私的な利用に限り、テキストデータをご提供します。電話またはメールで山吹書店にお問合せください。
その後に左下の引換券をお送りいただきます。

キリトリ線

テキストデータ
引換券

生きている！殺すな

山吹書店の本　　◆価格は税別

健太さんはなぜ死んだか
〜警官たちの「正義」と障害者の命
斎藤貴男　著
障害のある青年が不審者とまちがわれて取り押さえられて亡くなった事件への入念な取材と裁判資料にもとづいた迫真のルポルタージュ。津久井やまゆり園事件との類似性についても言及。
1500円

支援を得てわたしらしく生きる！
24時間ヘルパー介護を実現させる障害者・難病者・弁護士たち
介護保障を考える弁護士と障害者の会全国ネット　編著
当事者と弁護士たちが行政を動かして介護保障を獲得した１０の事例
2000円

生活保護と就労支援
福祉事務所における自立支援の実践
池谷秀登　編著
貧困の拡大する時代に、事例から考える公的な就労支援のあり方
2000円

３・11福島から東京へ〜広域避難者たちと歩む
東京災害支援ネット〈とすねっと〉　編著
東京へ避難してきた人たちを支援してきたボランティアグループの２年間の記録
1700円

教育と福祉の出会うところ
子ども・若者としあわせをひらく
竹内常一・佐藤洋作　編著
生きづらさや困難をかかえた子ども・若者の教育と支援実践を綴った13章
2200円

ハウジングプア〜「住まいの貧困」と向きあう
稲葉 剛　著
生活困窮者を支援する筆者が語る住まいの貧困の実態と福祉としての住宅政策への展望
1800円

貧困襲来
湯浅 誠　著
日本の貧困問題に火をつけた湯浅誠の論壇デビュー作
1400円